PARTNERS' BOOK FOR YOUNG TEACHERS

学級経営
パートナーズBOOK

「特別支援」
困った時の
ヘッドライト

渡辺道治
著

中村僚太
イラスト

学芸みらい社

はじめに

今から約 20 年前。

私が教員として勤め始めた頃は、「特別支援」という言葉はまだ一般的になじみあるものではありませんでした。

ちょうど「特殊教育」から「特別支援教育」に呼称が改められたころです。

しかし現在では学校現場でこの言葉を聞かないことはありません。

私は現在、国内や海外の各地で年間に 100 回ほどの講演を行っていますが、その半数以上の依頼が特別支援教育に関するものです。

それだけ、教育に携わる方々にとってニーズの高いテーマだと言えるでしょう。

昨今は、深刻な教員離れ・教員不足のニュースが飛び交うようになりました。

私が勤め始めた 20 年前には考えられなかった事態です。

この問題の背景にも、私は特別支援教育というテーマが関わっていると考えています。

もはや学校現場に立つ者にとって、特別支援教育における学びは必須であり不可欠なものとなりました。

しかし、その必須の学びを修める機会が現状では十分に得られていないのです。

これは、現代の学校現場における本当に大きな課題です。

例えば、大した準備をせずにいきなり富士山に登ろうとする人の姿を思い浮かべてみてください。

　多くの人は、きっとそれを「無謀」だというでしょう。

　もしも、登っている途中でルートが分からなくなったら。

　５合目を越えたあたりで原因不明の頭痛に襲われたら。

　突然の雨で体温が下がり震えが止まらなくなったら。

　こうした一つひとつの困難やリスクを乗り越えるには、「きちんとした準備」が不可欠です。

　富士登山オフィシャルサイト（https://www.fujisan-climb.jp/）にも次のようにありました。

登山の前に必ず知っておくこと

富士山は魅力的な山ですが簡単に登れる山ではありません。
しっかり事前に情報収集をお願いします。

　本書を読み解く上での分かりやすいモノサシになるので、ここで一度考えてみてください。

　富士山に登るために必ず知っておかなくてはならないことは何でしょう。

　次のページに進む前に一度考えてみてください。

前掲のオフィシャルサイトには次のようにありました。

登山口と登山ルート >
・富士山は登山ルートが4つ
・ルートは色分けされている
・五合目付近が登山口
・吉田・須走の下山道分岐での道迷い注意

登山行程 >
・弾丸登山時の怪我・病気のリスクは通常の3倍
・急いで登ると高山病の確率が高くなる
・ゆっくり登ること、宿泊して休息をとることを推奨

登山に必要な装備 >
・万全の防寒対策を
・登山用上下セパレートの雨具
・ヘッドランプや水も忘れずに
※水は山小屋でも購入できるが下山道には販売していないルートあり。登りで水を使い切らないように！

アクセス情報・マイカー規制 >
・五合目の登山口までバスでアクセス可能
※登山口までの道路は登山期間中マイカー規制実施（御殿場口を除く）

遭難・事故のリスク情報 >
・最短ルートでも登山5時間、下山3時間
・下山時に転倒などによる怪我が多い
・高山病に注意！息を切らさないようにゆっくり登ろう

緊急時の救助について >
・遭難／怪我で動けない場合は110番・119番へ電話を
・登山シーズン中は携帯電話は通じる

富士登山のルールとマナー >
・動植物・溶岩の採取、落書き、テント設営は禁止
・神聖な山なので野外排泄／ゴミのポイ捨てはせず持ち帰り！

富士山の気象 >
・山頂と平地の気温差は20度にも！
・防寒対策と天候の急変に備えた装備を
・登山開始前には必ず気象情報を確認

山小屋情報 >
・山小屋に宿泊する場合は事前予約を
・水が貴重なため手洗い場・お風呂はない
・支払にカードが使えないところが多い

全部で9項目、しかもそれぞれのページにも膨大な情報が載っていました。

この中で、「登山に必要な装備」のページを開いてみます。

登山に必要な準備

雨具、防寒着、ヘッドランプ、地図は必須です！

　他にも大切な装備品はありますが、特に「雨具、防寒着、ヘッドランプ、地図」だけは「必須」と書いてあります。

　数多の登山経験を持つプロが精選した４つがこれらなのです。

　本書の内容も、そのようなイメージで組み立てました。

　特別支援教育に関する学びも、富士山の準備と同様に膨大で多岐にわたります。

　そのどれもが確かに大切な内容ですが、全てを網羅するには相当な時間がかかります。

　そこで、本書では特別支援教育に関して「これだけは」という内容を精選して届けていくことにしました。

　私が通ってきた教員生活20年間の道すがら、何度も助けられ、支えられてきた必須の学びを自分が初任時代に戻ったつもりで綴っていきます。

　教職とは非常に魅力的な仕事ですが、簡単に成し遂げられるものではありません。

　けれど、大切な準備を積み重ね、地道に歩みを進めていくことで、きっと素晴らしい景色を見ることができるでしょう。

　本書が、あなたの仕事にとっての「地図」や「ヘッドライト」のようになれることを思い描きながら筆を進めていきます。

目次

はじめに ……2

登場人物 ……7

第一章 「ジャックとの出会い」 ……………8

第二章 「授業中に立ち歩くカンタ君」 ………23

第三章 「かんしゃくを起こすオサム君」 ……37

第四章 「行き渋りのあるレイコちゃん」 ……63

第五章 「ひかり先生との再会」 ………………79

第六章 「はじめとひかり先生と時々ジャック」
……95

ひかり先生のおすすめ書籍（参考文献）……115

おわりに ……116

登場人物

はじめ先生
大学を卒業したばかりのなりたてホヤホヤ新卒教員。やる気は十分だが教職経験はほとんど0。初めて担任したクラスの子供たちと日々奮闘中。

ジャック GPT
リリースされたばかりの教員向けお助け AI アプリ。ジャックは某有名映画の海賊を模したキャラクター。開発途中の試作版アプリであるため言葉遣いが荒い。

ひかり先生
はじめの教育実習を担当した小学校教員。教職 20 年目。指導力の高さに定評があり実習生の指導だけでなく同僚の教員から助言を求められることも多い。

第一章
「ジャックとの出会い」

　はじめは、この春大学を卒業したばかり。教員採用試験を突破し、夢だった小学校の教員として働き始めることになった。初めて担任することになったのは小学3年生38名のクラス。希望に燃えて初めて立った教壇だったが、自分がイメージしていた教師としての仕事とは大きくかけ離れていた。特にはじめを悩ませているのが、クラスの子供たちの不適応行動である。話を聞けなかったり、授業中に席を立ったり、こだわり行動やパニックやかんしゃくなどなど。教育実習で見たクラスとは大きく違う子供たちの姿に、はじめは日々頭を悩ませていた。そんな時、新しく開発された教員向けお助けAIアプリ「ジャックGPT」の噂を聞く。まだ開発途中の試作版であるものの、教員経験豊かな先生方の知見がギュッと詰まった音声AI機能が搭載されているとのこと。クラスの子供たちの対応に苦慮していたはじめは早速ダウンロードしてジャックに話しかけてみることにした。

第一章 「ジャックとの出会い」

アプリインストール完了っと。へぇ、クラスの人数とか学年も入力できるようになっているのか。小学3年生38人のクラスっと。よし、設定完了。ヘイジャック。

おう、はじめ。何かあったのか？

クラスが落ち着かなくて毎日苦戦してて…。対策を教えてほしい。

『クラスが落ち着かなくて』じゃ分かんないって。具体的に言ってくれ。

えっと、そうだなぁ。例えば今日の算数の授業中も問題を解くように言ったんだけど、何人かの子供が『先生何するんですかー？』って直後に聞き返してきて。ちゃんと聞くように注意したんだけど、中にはふてくされる子もいて困ってるんだよね。

ふうん。それって結構普通のことだぞ。

えっそうなの？

そうだ。38人もいるクラスなんだろ？ ちなみにそのうち「何人」が聞けないんだよ。

うーん、4、5人かなぁ。いや、もうちょっと多いかも。手遊びしたりおしゃべりしたり、とにかく結構な人数の子たちが話を聞けないんだよね。ホント

大変なクラス。

はじめ、まずお前の悪い癖が一つ分かったぞ。お前はクラスの状況を『印象』で判断してるから捉え方が粗いんだよ。だから『落ち着きがない』とか『結構な人数が聞けない』とか曖昧な言い方になるんだ。まずはここを改善していくのがはじめの一歩だな。

そんなこと言ったって、教育実習で行ったクラスはもっとちゃんと話が聞けてたし、同じように指示した時だってちゃんとみんな動いてたぞ。

はじめ、お前が教育実習に行ったのは何月だ？

夏休みが終わって2学期が始まった9月かな。ちなみにおんなじ小学3年生のクラス。

教育実習っていうのは、クラスの担任の先生が4月から『学習規律』などを育ててくれた状態で授業ができるからうまくいくんだよ。その担任の先生が、『話の聞き方』を含めた授業を受ける時の『学級風土』を丁寧に創ってくれていたんだ。だからお前の話も聞けたんだよ。

それはなんとなく分かるけど…。じゃあどうすればその『学級風土』とやらを創ることができるんだよ。そもそもスタートが大変なクラスで、それを経験の無い初任に担当させてることが悪いんじゃないのか？

10

第一章 「ジャックとの出会い」

甘ったれんな。どんなに経験のある教員だって、最初から万事うまくいっていたなんてことはあり得ない。さっきの教育実習担当の先生だって、色んな苦労や困難を乗り越えてきているはずだぞ。目の前の子供たちの姿から一つひとつ学んで、まずはお前自身が成長するんだよ。子供たちやクラスのせいにしてばっかりいたら、いつかはお前が見放されるぞ。

分かった、分かった。俺だって職場ではそんな風に言ったりしてないって。お前がAIアプリだから職員室ではあんまり言えない愚痴をつい言っちゃったの。にしても口の悪いAIだな。他の音声AIはもっと丁寧な言葉遣いをするぞ。

言葉遣いは荒いかもしれんが、内容としてはお前の方がひどいことを言ってるんだぞ。表面的なところばっかり見て揚げ足取ってないで、中身を見ろよ。中身を。

はいはい、分かった、分かった。で、さっきの『落ち着かないクラス』をどうしたらいいんだよ。さっさとアドバイスをくれよ。

まずは、その状態を正確に見極める『眼』を持つことだな。『落ち着かないクラス』なんてものは存在しなくって、細かく具体的に見ていくと、それは全部『行動』の集まりだってことが分かってくるはずだ。まずは、それを正確に把握することだな。

11

それは具体的にどうやるんだよ。

次の授業の時に、試しに自分の授業の音声を録音してみろ。そうすりゃ色んなことが分かる。俺もお前の授業の様子を正確に知らないことにはアドバイスのしようがない。

それもそうだな。じゃ明日の算数の時間を録音してくるからそれを聞いてアドバイスをくれよ。

　はじめは、ジャックに言われた通り、翌日の算数の時間の授業を録音してみることにした。今日も子供たちのざわめきや落ち着きのない様子は特に変わりない。はじめが算数の問題を解くように指示してもなかなか動き出さない子たちがいる。この状態を録音することはつらかったが、ジャックが昨日言った「甘ったれんな」の言葉がふと思い浮かんだ。こんなことを言ってきたのは小学校の時に習っていた柔道の先生だけだったなぁとはじめはふと思い出す。確かに自分は甘えていたかもしれない。「初任者に大変なクラスを持たせやがって」と管理職に対して心の中で悪態をついていた自分もいた。教育実習の時の指導教官だった担任のひかり先生は自信をもって教壇に立っていて、子供たちからの信頼も厚い。その姿へのあこがれと共に、今の自分の状態をひかり先生のまぶしい姿と比べて卑下していたところもあった。

　その日、はじめは録音した音声を車で聞きながら家に帰った。聞くに堪えない音声だったが、あのひかり先生だって色んな困難を乗り越えたのだと思うと、自分だってその壁を乗

第一章 「ジャックとの出会い」

り越えてみたいと僅かながら奮起する気持ちが湧いたのだった。

ヘイジャック。

おう、どうした？

昨日言われていた授業の音声を録音してみたよ。これを聞いてどこをどうしたらいいかアドバイスしてほしい。

お、やったじゃねえか。自分の授業の音声を録るのは結構勇気のいることだよな。どうだい。聞けたもんじゃなかっただろう。

うん。子供たちのザワザワしている声に混ざっているのもそうなんだけど、それにしても自分の声は聞き取りにくかった。声量とかもそうなんだけど、色々回りくどい言い方っていうか。教育実習の時のひかり先生はもっと端的に喋ってたなぁと思い出した。

そこに気づけただけでも大進歩だ。いいか、音ってのは文字と違って次々と消えていく。だからこそ、音声指示でクラス全体を動かすためには一定の練習が必要なんだ。そのひかり先生だってきっと練習を積んできているはずだぜ。

うん。だから恥ずかしいけどまずこの音源を聞いて

> くれよ。

> 任せときな。アプリの右上のところに『インポート』のボタンがあるから、そこから今日録った音源をアップロードすれば俺に聞かせることができる。やってみな。

(はじめは授業の音源をインポート。アプリ上で今日の授業の音声が流れ始める。)

> 「はい、みんな席についてーー！算数の授業始めるよー！こら！早く座りなさい。待っている人がいるんだよ。チャイムが鳴ったら座るって昨日も言ったよね。(ザワザワと数秒の間)じゃみんな教科書出してー、35ページの2番の問題から続きをするよ。じゃあまずは練習問題から解いてみようか。ノートに式を書いて…『先生ー！何ページ!?』だから35ページだって！今言ったばかりじゃん。こらー！まだ教科書出してない人〜！早く出しなさーい！『先生！式を書きましたー』はーいちょっと待ってね。○○くん早く教科書出しなさい！『先生何番の問題ー？』だから2番の問題だって！何回も言わせない！…」

> オッケー。ここまででいいぜ。

> 我ながら聴いていて恥ずかしいよ。教育実習の時はもっとまともに授業できてたのにな……。やっぱり

第一章 「ジャックとの出会い」

大変なクラスでは俺のチカラじゃ無理なのかな。

まずは、よくこれを録って持ってきたな。自分のできていないことに向き合うことは子供だけじゃなく大人でもなかなかできないもんだ。けどな、ここを通過しないことには成長は生まれない。そのはじめの一歩は立派に踏み出してるよ。

やめてくれよ。お前にそんな風に言われると、かえって恥ずかしいよ。

大丈夫だ。この後しっかりと学んでいったらそんな些細な恥ずかしさなんてどこかに吹き飛んでいくから。そうだな、アドバイスには辛口コースと甘口コースがあるがどっちがいい？

そんなのも選べるのかよ。うーん、ま、誰にも聞かれてないし、とりあえず辛口で頼む。

よし、辛口だな。辛すぎても吐き出すなよ。まず、お前の指示の出し方には３つの大きな問題がある。それをクリアしてないのに『大変なクラス』なんて口に出すのは１億年早い。

本当に辛口だな。

まだ１口目を食べたところだ。まず、１つ目だが、俺が今から数字をいくつか言うから何個まで覚えられるか試してみろ。いいか、いくぞ。947501495

382172305……

待て待て！そんなに覚えられないって！

覚えられたところまででいいから言ってみろ。

94750…これぐらいだな。あとは無理だった。俺、記憶力弱いからな〜。

そうでもない。お前は割と平均的な方だ。

そうなの？ていうか、これはいったい何をやらされてんの？

今やったみたいに、我々の頭の中には一時的に記憶を保存しておく場所がある。『脳内メモ帳』みたいなもんだな。これをワーキングメモリという。

あぁ、大学の授業で聞いたことがあるな。

ワーキングメモリは人によって容量に違いがある。最新の知見では4±1程度だな。つまり、多い人で5つくらい、少ない人では3つくらいのことを一時的に覚えられるってわけだ。

確かに俺は別に少ない方じゃないんだな。

しかし、子供たちの中には様々な特性を抱えている子がいて『ワーキングメモリが弱い子たち』も一定数いるわけだ。さっき、『待て待て！そんなに覚え

第一章 「ジャックとの出会い」

られないって！』とお前は言ったな。その通りだ、ワーキングメモリから溢れた情報を人は覚えられない。

『ワーキングメモリが弱い』ってのは、つまり『容量が少ない』ってことか。

そうだ。お前のさっきの音源を聞いていると、一度に３つも４つも指示を出してるぞ。算数の教科書を出す、35ページを開く、２番の問題に取り組む、ノートに式と答えを書く。こんな風に指示を出しているから、何人かの子たちはメモリオーバーになってるってわけだ。

確かに。しかもメモリが溢れて覚えられない時って、今の俺みたいに『ストレス』もかかるんだな。

それだけじゃない。お前は聞き返した子たちに対して苛立ちながら何度も注意をしている。これじゃ子供たちが算数だけじゃなくて、自分のことも先生のことも嫌いになるぞ。

じゃあ、こういう時はどうすればいいんだよ。

指示は内容ごとに一つずつ区切って伝えるんだ。算数の教科書を出します。35ページを開けます。2番の問題を解きます。ノートに式を書きます。このようにな。

そっか。ワーキングメモリの弱い子たちも授業について来れるように指示を出すことが大切なんだな。

普通学級にも、一定の割合でこうした配慮が必要な子たちがいる。およそ10人に1人と覚えておけばいいだろう。

そんなにいるのかよ！根拠となるデータは？

お安い御用だ。これを見てみろ。2022年12月13日の読売新聞の記事だ。

　全国の公立小中学校の通常学級に、発達障害の可能性のある児童生徒が8・8％いることが13日、文部科学省の調査でわかった。10年前の前回調査より2・3ポイント増で、35人学級なら3人の割合になる。学習や対人関

第一章 「ジャックとの出会い」

係で著しく困難を抱える傾向があるため、文科省は一人ひとりに合わせた支援体制の構築を急いでいる。

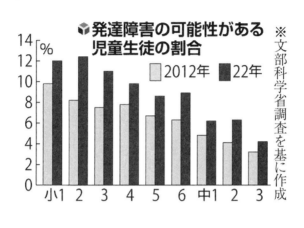

発達障害の可能性がある児童生徒の割合
※文部科学省調査を基に作成

発達障害の子たちが全てワーキングメモリが弱いということではないが、『多くの場合弱さを抱えている』ってことは教師として知っとく必要があるな。

大学で特別支援教育のことは習ったけど、それを『現場でどうやって使うか』なんて学んでないぞ。

それも日本の学校現場における１つの問題だ。数週間の教育実習でこうした教育技術を学ぶのは限界がある。だからこそ、やりながら学んでいかざるを得ないんだ。

でもさ、指示を１つずつ区切って出してもうちのクラスにはできない子たちがきっといるぞ。

それが問題の2つ目だ。指示の後には、必ず『確認』をしなくちゃいけない。お前はそれをことごとく飛ばしている。

確認って？

出した行動指示を誰がどこまでできているかの確認だ。

それはどうやってやるんだよ。

色々パターンがあるから1つの方法だけじゃなくていくつかを組み合わせて使えるようにしたいもんだな。例えば『教科書を出す』という指示をした時に『出せたら出せましたと言います』とつけ加えると、子供たちは口々に『出しました！』と言うだろう。これは発声による確認だな。

ふむふむ。

他にも『お隣同士でできたか見合って』というのもあるな。これは視線による相互確認だ。『二人とも出せたら手を挙げて』というパターンもあるぞ。これは動作による確認だ。

でもいちいち確認していたら時間がかからないか？

自分の音源をよく聞き返してみろ。確認をすっ飛ばして進めた授業はどうなった？何度も子供たちに聞き返

第一章 「ジャックとの出会い」

されてさらに教師による注意の嵐。できた子は延々と待たされ続ける。こっちの方がよっぽど時間がかかる。

うっ確かに。

1つずつ区切って指示を出し、確認することで全体の子供たちがついてこられるようになるだけでなく、『褒めるチャンス』が増えるんだ。これが3つ目の問題ポイント。

どういうことだ？

お前はできていない子たちを注意し続け、できている子たちは放っておいて待たせている。これではどんどんクラスの雰囲気が悪くなるだけでなく、望ましい行動が強化されていかない。

強化って？

心理学用語で行動が増えることを『強化』と言うんだ。お前も褒められたら嬉しくてその行動が増えたりすることがあるだろう。授業の中で望ましい行動を増やしていくためには『褒める』という関わりが大切なんだ。お前の授業にはそれが無い。

うぅ。痛いところをビシビシと。

だから辛口だって言ったろ？いいか、指示を出したら確認と褒めはセットだ。それが無いのは、ライス

も福神漬けもついていないカレーみたいなもんだ。

さっきから思ってたけど、お前AIのクセにカレーライスが好きなのか？やたらとカレーに関する例えが多いぞ。

俺の知能にはいろんな教職員たちの経験値が詰まっているからな。まっ、日本人は大体カレーが好きだろ。そういうことだ。

よく分かったような分からないような。まいっか。ジャックの言いたいことは分かった。まず明日から指示の出し方を工夫してみるよ。1つずつの端的な指示、そこに確認をセットにしてできた子たちを褒めていくんだったな。

そうだ。それを意識するだけで、子供たちの反応が変わってくるはずだ。健闘を祈る。

第二章
「授業中に立ち歩くカンタ君」

　ジャックに指示の出し方について辛口のアドバイスをもらったはじめは、翌日から自分の授業の進め方を変えてみることにした。指示は1回につき1つの内容を伝えること。そのあとには確認をセットにすること。できた子を取り上げて褒めていくこと。最初はぎこちなかったが、何日かやっているうちに「確認」や「褒め」の大切さが身に染みて分かるようになってきた。指示についてこられる子たちが増えてきただけでなく、クラスの雰囲気が良くなり、自分の笑顔も増えていることがハッキリと分かったからだ。『指示と確認と褒めはセット』というジャックの言葉がカレーライスと一緒に頭に浮かぶようになっていた。

ヘイジャック

おう、どうした。

この前教えてもらったカレーライスの原則、結構好調でさ。前よりもクラスの雰囲気が良くなってきたよ。

なんだ？カレーライスの原則って。

指示と確認と褒めはセットで、それはカレーとライスと福神漬けみたいなもんだって言ったろ？

あぁ、なるほど。そうか、少しずつ3点セットが使えるようになってきたのか？

あぁ。今日の音源を録ってきたからちょっと聞いてくれよ。

「算数の教科書を出します。出せたら出しました。（出しました！と子供たちの声）みんな出すのが早くなってきたね〜。41ページを開きます。お隣同士で確認。（オッケー！オッケー！と子供たちの声）うん、開くのも早くなった。かしこいなぁ。1番の問題を指で押さえます。押さえた人から手を挙げましょう。（ハイ！ハイ！と子供たちの声）二人とも上げたら下ろしていいからね。今日は○○くんと○○さんが一番！じゃノートに式は書けるかな？

第二章 「授業中に立ち歩くカンタ君」

ここまでなんだけど、どう？

こいつは驚いた。前の音源と全然違うじゃないか。

まぁ、いきなりここまで来たわけじゃなくて、2週間くらい毎日練習した結果なんだけどな。

そうだ、「指示は1つずつ」「確認と褒めをセット」と頭で分かっていても、それができるまでは時間がかかる。

でも、まだまだぎこちないところもあるし、ひかり先生みたいに自然な笑顔で進めることができていないからな。

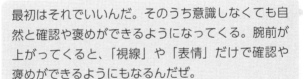

最初はそれでいいんだ。そのうち意識しなくても自然と確認や褒めができるようになってくる。腕前が上がってくると、「視線」や「表情」だけで確認や褒めができるようにもなるんだぜ。

それだ！ひかり先生の授業を見ていて不思議だったんだけど、そんなに確認とか褒めとかはしていなかったんだよな。でも、子供たちはみんなキビキビと動いていたし。もしかしたらひかり先生は視線や表情で確認や褒めをしていたのかもしれないな。

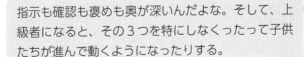

指示も確認も褒めも奥が深いんだよな。そして、上級者になると、その3つを特にしなくったって子供たちが進んで動くようになったりする。

そうそう、それそれ！もしかしたら、ひかり先生も若い頃に指示が通らなくてこんな風に練習したのかもなぁ。

そうかもしれないな。チャンスがあったら今度会いに行って聞いてみるのもいいかもしれないぞ。

そうだな。もっと教師として立派に成長したらそんな風に会いに行けたら嬉しいよな。でも、まだまだなんだよ。指示の出し方は少しずつ良くなってきたんだけど、他にもいろいろ困っていることがあるんだ。

ほう、今度はなんの相談だ。

授業中に立ち歩く子がいるんだよ。カンタ君って子なんだけどさ、何回も注意するんだけど、席に戻っても足をブラブラしていたり、手遊びをしていたりずっとチョロチョロ動いてるんだよね。

それの何が困るんだ？

何が困るって、お助けAIアプリなのに分かんないのかよ。こっちの注意も増えるし、雰囲気も悪くなるし、他の子にも悪影響が出そうだから困っているんだって。

へ〜、はじめは不思議なことに困るんだな。お前が子供の頃だって、同じような友達がクラスにいな

第二章 「授業中に立ち歩くカンタ君」

かったか？

そりゃあ、いたさ。でもその時は担任の先生が「チョロチョロするな！」の一喝でみんなビビッてちゃんと席に座るようになったし、でも今の時代にそれをしたら大変なことになるだろ？

昔は確かにそういう時代もあったな。で、そのカンタ君は1日に何回くらい、どの教科の授業で立ち歩くんだ。

ほとんどの教科で立ち歩いてるよ。たまにマシな時もあるけど。あ、専科の授業を見に行ったことがあるけど、その時は立ち歩いていなかったか。ま、なんにせよ落ち着きがない子なんだよ。

はじめ、また悪い癖が出てるぞ。「印象」で判断するな。プロなんだから正しく「事実」を把握しろ。

どういうことだよ。

『落ち着きがない』っていうのは事実じゃない。お前の印象であり感想だ。客観的に、誰が見てもその「行動が起きたかどうか」を判断できるようにするのがアセスメントの基本だぜ。

アセスメントってなんだったっけ？

簡単に言うと『実態把握』とも言われるがな。要は、その子の行動改善を図っていくためには、『不適応行動が起きたかどうか』を数えられなくちゃいけない。『落ち着きがない』って数えられないだろ？今回のケースなら、どの授業で何回カンタ君が立ち歩いたかを正確に把握しろってことだ。

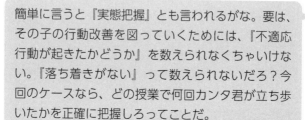

正確に把握したからって何ができるんだよ。

その行動が増えたか減ったかを確かめることができる。増えたり変わらなかったりすれば、今の取り組みには効果が無いってことだ。反対に減ったならば効果が見込まれるってことだし、その事実を褒めることもできるだろ？

なんだかこっちが悪いみたいに言われている感じがするけど、立ち歩いているのはカンタ君なんだぞ？

その行動が本当に不適応行動と言えるのならば、それを改善していくために手助けをするのが教育のプ

口だ。

分かっちゃいるさ。何度も注意しているし、立ち歩かないように予め話もしているって。

でも効果はないんだろ？

うっ、確かに。

注意しても、予め話をしてもだめなら、それを愚直に続けるのは素人の愚策ってもんだ。

おい！言い過ぎだぞ！

おお、そうか。なんだよ、前回「辛口コース」で設定されているからそのまま喋っただけだぞ。設定したのはお前じゃないか。

分かった！今から甘口コース！

しょうがないなぁ。いい、はじめちゃん。よく聞いてね。カンタ君の行動を感想を挟まずに記録するんだよ。「落ち着きがない」ってのははじめくんの感想。事実じゃないんだよね〜。それと効果が出ない指導を続けるのって、教育のプロとしてどうなのかなぁ。恥ずかしくな〜い？

おい！言い方が気持ち悪くなっただけで内容は全部同じだぞ！

だってはじめちゃんが『甘口にしてよ〜』って泣きついたから設定を変更したのに…。

なんだよ、甘口辛口って単に言い方の問題かよ。分かったよ、気持ち悪いから辛口のままで！

甘口にしたり辛口にしたりせわしないヤツだなぁ。そんなに焦らないで一晩寝かした方がいいんじゃないか？

カレーの例えはもう十分。で、記録を取ればいいんだな？

そうだ。主観を挟まずに見たままを記録してみろ。それがアセスメントの第一歩だ。

　ジャックに言われた通り、はじめはカンタ君の行動記録を取ることにした。すると、毎時間立ち歩いていたように思えていたカンタ君は実は特定の教科の特定の場面で立ち歩く傾向にあることが分かってきた。図工や体育や理科ではほとんど立ち歩くことは見られず、反対に国語や算数では立ち歩くことが多い。はじめの勤務する学校では図工や理科は専科指導となっており、他の先生が指導することになっているため、カンタ君の図工や理科の授業での様子を注意深く観察したのも今回が初めてだった。また、漢字ドリルや計算プリントをやっている時は立ち歩くことはなく、教師の説明や他の友達の発表を聞き続けなければならない場面で立ち歩きが多いことも分かってきた。

第二章 「授業中に立ち歩くカンタ君」

ヘイジャック。

おう、どうした。

カンタ君の行動記録を取ってみた。毎回立ち歩いているわけじゃなかったんだ。どうも国語と算数、それも誰かの話を聞き続けるタイミングで立ち歩くのが多いことが分かってきた。

な、言った通りだろ？主観を挟みまくって「落ち着きがない」とか印象で語ってるから見えるものも見えないんだよ。

そうだな。なんだかカンタ君に悪いことをしたと思った。俺、確かに甘かったよ。

なんだ、甘口コースに変更か？

違う！自分の捉え方を反省してたってこと！

随分と精神的にも進歩してきたじゃねえか。素晴らしい成長ぶりだ。

記録ってすごいよな。こっちがいかに印象でカンタ君のことを斜めに見てしまっていたかがよく分かったよ。で、国語とか算数での立ち歩きをなんとかしたいんだけど、どうすればいい？

100％こうすればうまくいくって方法はない。記録

> を取ったら、効果が出る方法が見つかるまでトライ＆エラーを繰り返すんだ。その中で必ずいい方法が見つかる。

> そのトライする方向がよく分かんないんだよ。

> 例えばだ。カンタ君が「なぜ立ち歩くのか」を考えてみろ。体育とか図工では立ち歩かないんだろ？その違いはなんだ。

> 体育や図工は面白いからじゃないのか？カンタ君は体を動かすのが大好きだからな。

> ほら、そこにもヒントがあるじゃないか。そもそも、人はなぜ動きたくなるのか考えたことはあるのか？

> 分からない。ムズムズするとか？シャキッとしたくなるとかか？

> 例えば、多動傾向の子供は脳内でのドーパミンの量の調整がうまくいかないと言われている。

> なんだよ、ドーパミンって。

> ドーパミンは神経伝達物質の一つだ。やる気や集中力の源とも言われている。ADHDの子に処方される薬は、このドーパミンの量を調節するものだ。

> カンタ君は診断はついていないけど、確かにお家の

第二章 「授業中に立ち歩くカンタ君」

人が専門機関にかかるかどうかを考えてるって言ってたな。じゃあ、病院にかかるしか方法はないわけか？

そんなこともない。ドーパミンは、日常生活の中でも自然に分泌される。

どうすればドーパミンが出るんだよ。

いくつか方法があるけどな、簡単に言うと「動いた」時に出るんだよ。

えっ!?

お前も講演会とか研修とかで、長時間椅子に座り続けて疲れたことはないか？そして、その時に講師の人が『皆さんちょっと疲れてきたので一度立って背伸びをしましょうか』と言われた経験もあるだろう。その時に、体がスッキリして集中力が持続した経験ってないか？

あるある！この前ちょうど初任者研修でそういう講師の人がいて『この人分かってんなぁ』って感心したところだったんだよ。

そうだろ？別に多動傾向のあるなしに関わらず、人は動くとドーパミンが出て集中力が持続しやすいんだよ。

33

そんなこと、大学で習わなかったぞ。

大学のカリキュラムだって限界があるんだ。もっと言えば、既に先行研究だってあるんだぞ。『ADHDの子供は学習中に動きを伴わせる必要がある』ってな。

なに？データはあるのか？

あったりまえだろ。ほれ。

2015年、セントラルフロリダ大学の研究だな。

英語じゃ分かんないって！

ま、簡単に言うと「ADHDの子供たちは学習中に動きを伴わせる必要がある」ってことだ。それによって脳が落ち着きを取り戻しながら学習を続けることができる。

第二章 「授業中に立ち歩くカンタ君」

なるほど〜。知らなかったなぁ。そうか、もしかしたらカンタ君も動きながら自分の集中力を取り戻そうとしているのかも。

100%とは言えないがその可能性はありだな。こうやって先行研究のことを知っておくと、打てる手だても頭に浮かんできたりするだろ？

確かに。じゃあ、授業に動きを取り入れるにはって考えてみると…。

その方向なら色々できることがあるぞ。例えば、発表の方法でも挙手した子を先生が指名する「挙手指名」だけじゃなくって、子供たちが指名されずに言いたい子がどんどん立って発表していく「指名なし発表」ってのがある。これをすると、立ったり座ったりっていう「動き」が増えるよな。

指名の仕方は確かに挙手指名しかしてないな…。

音読の時も座りっぱなしじゃなくて、「全員起立。一度読んだら座って読み続けなさい」って言えばこれも合法的に動くことができる。お互いに発表する場面でも、「話し合いの前に自由に教室を動いていいから、3人と意見を交わしてから席に戻っておいで」と発表練習をさせるだけで動きを取り入れることができるよな。

そっか。ずっと座りっぱなしで授業をするからカン

夕君が立ち歩くのなら、こっちが授業の仕組みをちょっと工夫して合法的に動ける場面を作ってみればいいのか。

もちろん他にもいろいろ試すことのできる方法がある。まずはあたりをつけて、仮説を立てたら、実行あるのみだな。トライ＆エラーを繰り返すうちに、必ず効果のある手立てが見つかるはずだ。

分かった。俺、色々と試してみるよ。

合法的な立ち歩き

第三章
「かんしゃくを起こすオサム君」

　カンタ君の行動記録を取り、国語や算数の指名方法や進め方を工夫してみたはじめ。幾つか対策を講じる中で特に効果的だったのが「授業の中に合法的に動ける仕組み」を作ることだった。授業の中でおよそ10分〜15分の間に一度は体を動かしても良いように授業を進めると、不規則に立ち歩きをするカンタ君の行動は大きく減った。もちろん0になったわけではないが、はじめ自身が「動きがもたらす効果」を知ったことにより、以前ほど目くじらを立てて注意することもなくなった。ひと昔前は「チョロチョロするな」と一喝されていた子供たちの動きに思わぬメカニズムが分かったことで、教える側に「精神的なゆとり」が生まれるようにもなったとはじめは感じていた。

ヘイジャック。

おう、どうした。

この前記録を取って色々対応を試したカンタ君だけど、すごく立ち歩きが減ってきたよ。

そりゃすごいじゃないか。どれに効果があったんだ？

授業の中に合法的に動ける仕組みを作るってやつ。話し合いの場面で自由に席を立っていいよって言ったり、あと学年の先生に教わってスタンディングシートってのも作ってみたんだ。

スタンディングシート？

立ち食いソバみたいに立ちながら勉強できる場所のこと。窓側のロッカーの上が空いてたから、作文を書くときとかにここで書いていいよって伝えたら、カンタ君も大喜びでそこで作文を書くようになった。

そりゃあすごい対応だ。日本っていう国は、座る素材すら自由に選べないことがほとんどだからな。動いたり、色んな刺激を求めてる子にとっては、立ちながら勉強できるなんて夢みたいな場所だろうな。

他の国は椅子を選べるのか？

第三章 「かんしゃくを起こすオサム君」

俺の知能の中には、海外の事例ももちろん詰まってる。この前カナダやアメリカに視察に行った先生の報告によると、公立校でも数種類の素材から自分に合った椅子を選べるそうだ。背もたれのあるもの無いもの、バランスボール、地べたに座ってできるのもあるぞ。ほら。

うわ〜これはうらやましい！

もちろん、いきなり大きな変化を生むことなんて難しいんだから、今ある環境の中で工夫していくことが大事だよな。だからこそ、そのスタンディングシートの取り組みはすごいぜ。俺のデータベースの中にも見当たらない取り組みだ。

座る素材って、思えば俺たち大人だってこだわってるよな。職員室の椅子にクッションを挟んでる先生だって結構いるし、子供たちの座っている椅子に1日6時間も座ってたら腰が痛くなりそうだよ。

それもいいぞ。椅子自体は代えられなくても、クッ

ションを許可するぐらいなら学校裁量で全然可能だからな。座る素材を変えることでカンタ君以外にも立ち歩きのある子で効果が出るパターンはきっとあるだろうな。

そうか、『立ち歩き』っていう一つの行動でも、色々と試せることがあるんだったな。座る素材とか間では頭が回ってなかったから今度試してみるよ。

お前もだいぶプロの教師らしくなってきたな。大したもんだ。

でもひかり先生とかに比べたらやっぱりまだまだだ。今日もやっぱり答えが見えない問題があってさ。ジャックの力を借りたい。

おう、今日はなんだ。

立ち歩きのケースとは違うんだけど、友達とのトラブルが絶えない子が一人いてさ。

どんな風にトラブルになるんだ？

ドッジボールをしている時に、相手が反則っぽいことをしたりすると大きな声で相手を責めたり、試合に負けるとかんしゃくを起こして大喧嘩になったり、そのあとはしばらく涙を流してフリーズしたり。機嫌のいい時は大丈夫なんだけど、一旦スイッチが入っちゃうともう手がつけられなくて。オサム君っ

第三章 「かんしゃくを起こすオサム君」

ていう男の子なんだけど。

休み時間に遊んでいる時にトラブルになることが多いってことか？

うん、休み時間もなんだけど、授業中も同じようなことが時々あってさ。この前も算数のテストを返した時に点数が悪かったみたいで、その場で泣きながらビリビリにテストを破いちゃってさ。こっちが『やめなさい！』って言っても全然聞かなくて、結局その日は学校から帰るまでずっとふてくされてた。

その『機嫌のいい時』ってのについても話してくれよ。

基本的には、授業中もちゃんと席に座ってるし、話もよく聞いてる。ノートもしっかり書くし、発表もできる。でも、ちょっとでもうまくいかないことがあって一旦パニックとかかんしゃくのスイッチが入ると、なだめるのに本当に時間がかかるんだよ。話を聞いてあげようとしても、ずいぶん前にあった出来事とかのことを延々と話し出したりしてとにかく時間がかかる。

なるほど。だいぶつかめてきたぞ。で、お前はいつもどんな風に対応しているのか、そのパターンを具体的に挙げてみろ。

最初のうちは、『何があったの？』ってできるだけ

話を聞くようにしてた。大学でも「共感的理解が大切だ」って何度も習ったからさ。でも、さっき言ったみたいに延々と前に起きた話をしたり、相手の友達のことを責め続けたりして話が全然進まないんだよ。で、『こういうことはやめようね。約束だよ。』って指導もするようにしたんだけど、その約束も毎回破られる。あとはさっきも言ったけど、テストを破った時はさすがに『やめなさい！』ってその場で強く叱った。でも、それも全然響いてないみたいで、この前も授業中にちょっとうまくいかないことがあった時に鉛筆をガンガン机に叩きつけて折っちゃってさ。俺も結局我慢ができなくて、『いい加減にしなさい!!』って怒鳴ったんだ。

で、その結果そのパニックやかんしゃくや物を壊す行動は減ってるのか？

いや、減ってない。それどころか前よりもひどくなった気がする。

分かった。ここまでをまとめるとこんな感じになるな。

オサム君の行動例

・かんしゃくを起こして泣き叫ぶ。

・涙を流してフリーズする。

・以前の出来事を話し続ける。

・物を壊す。

第三章 「かんしゃくを起こすオサム君」

はじめの対応例
・話を聞く。
・その行動をしないように約束をする。
・『やめなさい！』と全体の場で叱る。
・『いい加減にしなさい！』と怒鳴る。

結果
・改善は見られない。
・その行動はむしろ増えている。

うっ、こうやって見せられると何だか俺が責められてる感じがするな。

責めてなんかないぜ。お前が今した話をただまとめただけだ。

俺だって一所懸命やってるんだぜ。クラスに38人もいてさ、他にも指導しないとダメな子もいるのにオサム君一人にものすごい時間が取られる。いつ爆発するか分からない地雷を抱えてるみたいで俺もヘトヘトなんだよ。

なんだよ。甘口の『共感的理解』がほしいのか？

そうじゃない！何とかしたいから、力を貸してくれって言ってるんだ。

立ち歩きのカンタ君の時に俺がお前に言ったことを覚えているか？

覚えてるよ。どうせ『効果の出ない指導を続けるなんて素人の愚策だ』って言いたいんだろ？

よく覚えてるじゃねえか。

さっきの行動例や指導例をまとめた時点で、お前が言いそうなことは大体予想がついたよ。分かったから、早くどうすればいいかを教えてくれ。

そうだな。色々とできることはあるんだが、まずは根本的なところから話してやるか。まず、確認だが、『辛口モード』のままでいいんだな？

甘口にしたって言い方が気持ち悪くなるだけなんだろ。もう大体覚悟はできてるからそのままやってくれ。

お、だいぶ心の準備が整うようになったな。そうだ、根本的なところというのは、まさにその『準備』が一つのキーワードになる。

準備？

ああ、お前の対応は、全て『地雷が爆発』してからの事後対応だ。要は、予防ができていない。

どういうことだよ。

オサム君と対応している時は『地雷を抱えてるみた

第三章 「かんしゃくを起こすオサム君」

い』とお前が表現したように、すでにここまでの経験からも、『爆発しやすい』ってことが分かってるわけだろ？なら、その爆発を予防すればいいじゃねえか。

そんなことできるのかよ。言っとくけどな、オサム君は前の学年の時にもかんしゃくとかパニックとかを何度も起こしてるんだぞ。その時の先生も俺と同じように何度も指導してたって聞いてる。今に始まったことじゃない。

だったら、その去年の先生も素人だったんだな。

おい！その素人ってのやめろよ！

素人ってのは、『その物事に経験の無い、専門的でない人』って国語辞典に載っている。少なくとも、そのオサム君への指導は専門的でないし、別にその辺を歩いてる通りすがりの人にだってできる対応だと思わないか？

けど、俺だってその前の先生だってちゃんと教員免許を持ってる。素人じゃない。

お前、教員免許と運転免許の違いが分かるか？

いきなりなんの話だよ。

いいから考えろよ。俺は２つの免許の違いが分かるかどうかを聞いてる。

教員免許は教師として学校に勤めるための免許だろ。運転免許は運転して OK っていう免許だ。それがなんなんだよ。

2つともライセンスという意味では共通しているがな、その中身はまるで違う。運転免許は『運転全般に関する一定の技能を身に付けた』という証だ。学科試験と技能試験があっただろ？

あったよ。俺、去年運転免許を取ったばかりだからよく覚えてる。しかも俺本免許の技能試験に1回落ちたんだよな。

去年だったなら技能試験の内容も少しは覚えてるだろ？S字クランクに縦列駐車、坂道発進や方向切り替えなどいろんな技能のチェック項目があったはずだ。

そりゃ覚えてるよ。実は一度技能試験に落ちたのも、その縦列駐車が下手くそだったからなんだ。

だろ？そう考えると、教員免許は中身がまるで違うことが分かるはずだ。少なくとも、「教育全般に関する一定の技能を持っている証」とはいえない。

なんでだよ。

教員免許自体が、大学で単位を積み重ねさえすれば取得できるものだからだ。そこには『教育実習』の

第三章 「かんしゃくを起こすオサム君」

単位ももちろん含まれるが、たかだか数週間、しかもすでに学級担任の先生がクラス運営を一定期間行ってくれているクラスで授業を実施したとしても、それが『一定の技能を有していること』の証にはならない。

うっ。確かに。

運転免許みたいに技能を満たしてない時はちゃんと不合格にしてくれたらいいんだけどな。でも実際はどれだけ授業が下手くそで学級経営や生徒指導についてほとんど経験が無くても、教育実習に参加しさえすれば基本的に単位は出る仕組みになっている。

でもさ、教員採用試験だってあるじゃないか。

あの試験も同じで、合格したヤツが『教育全般に関する一定の技能を有していること』の証になっていると思うか？模擬授業試験だってあったかもしれないが、子供役を務めた試験官が『授業中にかんしゃくを起こす』なんて場面は無かっただろう？しかもあんなに短い時間で行われる試験で、『教育に関する全般的な技能を有しているかどうか』を測れるわけがないんだよ。実際に、立ち歩きやかんしゃくへの対応にお前は困っているじゃねえか。お前だけじゃない、去年の担任の先生だってそうだろ。要は縦列駐車ができないのに、運転免許を発行されているようなもんだ。

それなら、教員全体が仮免許で現場に出ているようなもんじゃないか。

そうだ。その仕組み自体にもいろいろ問題はあるが、少なくとも現状ではそういうことになっている。だから仮免許を本免許にするくらいの一定の努力や修練が現場に出てから必要になるってわけだ。そう考えると、『仮免許＝素人』っていう図式も少しは分かるんじゃないのか？

技能は確かに仮免許かもしれないけど、知識は一定量身に付けてるはずだろ？

この前のカンタ君のケースで分かったはずだ。『分かる』が『できる』になるまでの間には実は結構な道のりがある。分かってるだけじゃできない。縦列駐車だって、頭で理解してから体で覚えるまでそれなりに時間がかかっただろ？

分かった。俺の教員免許が確かに一定の技能を有している証でないことも確かだ。それは認める。でもさ、だからこそ思うんだけど、こういう立ち歩きとかかんしゃくとか、そういう子がどのクラスにも一定数いるんなら、この学びを『必修化』しておいてほしかったよ。少なくとも俺の大学じゃそれは必修じゃなかった。

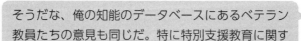
そうだな、俺の知能のデータベースにあるベテラン教員たちの意見も同じだ。特に特別支援教育に関す

第三章 「かんしゃくを起こすオサム君」

る学びは現代の学校教育において必須だと考える人は少なくない。

しかも、そんな仮免許状態でいきなり担任をしなくちゃいけないんだぜ。少しは『見習い』の期間くらいほしいもんだよ。まったく。

そのテーマで検索すると少し長くなるけど、いいのか？話題はこのままで。

そうだった。その『予防法』とやらを素人の俺に分かりやすく教えてくれよ。

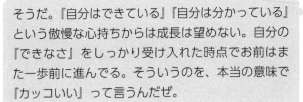
そうだ。『自分はできている』『自分は分かっている』という傲慢な心持ちからは成長は望めない。自分の『できなさ』をしっかり受け入れた時点でお前はまた一歩前に進んでる。そういうのを、本当の意味で『カッコいい』って言うんだぜ。

AIのお前にカッコいいとか言われるとなんだかむずがゆくなるな。まっ、俺のライセンスが仮免許って分かっただけでも少しすがすがしいよ。絶対にこれをプロライセンスにしてやる。だから、その予防策を教えてくれ。

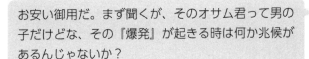
お安い御用だ。まず聞くが、そのオサム君って男の子だけどな、その『爆発』が起きる時は何か兆候があるんじゃないか？

49

うーん兆候かぁ。あんまり表情が変わりにくい子だからそんなによく分かんないけど…。

じゃあ、まずはその子の様子とか表情をもう少し詳しく観察してみろ。それと、オサム君は語彙の数はどうだ？

語彙かぁ。そんなにたくさん喋る方じゃないし、かんしゃく起こしてる時とかは『うるせー！』『死ねー！』とかばっかりだからなぁ。うん、言われてみれば結構少ない方かも。

やっぱりな。はじめは、まだそういう不安傾向が強かったり、かんしゃくやパニックを起こしたりする子への指導経験が少ない。ほとんど無いって言っていいだろう。だから、オサム君の世界がイメージしにくいんだ。さらに、『困った子』という色眼鏡がさらにお前のアンテナの感度を鈍らせている可能性があるな。この前のカンタ君の例もそうだけど、その色眼鏡を勇気をもって外して、注意深く『見る』ことが第一歩だな。

それはなんとなく分かる。確かに俺はオサム君のことを『何度言ってもかんしゃくを起こす困った子』って見ていたし、正直対応が面倒くさいとも思い始めていた。そんな風に思っていたら、自分が距離を置いているようなもんだから、見えるものも見えないようになってしまっている可能性はある。で、注意深く表情とか語彙のところを観察するのは分かった

第三章 「かんしゃくを起こすオサム君」

けど、それだけじゃまたオサム君が爆発すると思うんだ。具体的な予防法を教えてくれよ。

そうだな。順番としては、まずしっかりとアセスメントを行うところから始まるんだが、結構、事が深刻そうだから、簡単に予防のコツを教えてやる。

助かる！頼むよ。

まず、不安傾向の強い子供たちが見ている世界は、そうでない人にとってイメージしにくい。そうだな、はじめはお化け屋敷に行ったことがあるか？

あるある。俺お化け屋敷はすっげー苦手でさ。あのどこから何が出てくるか分からない感じ。あれがたまらなく嫌で、できるだけ友達に誘われても行かないようにしてる。ま、要は怖がって大声出す姿を友達に見られるのが恥ずかしいだけなんだけど。

そう、イメージとしてはそんな感じだな。外界の刺激に対して過度にアンテナが立っていて、ほんの少しの刺激でも大きく反応したりしてしまう感じ。そんなイメージで、日常生活の中においても、実はいろんなところに不安や恐れを抱えているものなんだ。

日常がお化け屋敷のような感じだとしたら、それはさぞかし大変だな。

そうだ、お前の『お化け屋敷でどこから何が出てくるか分からなくて、ちょっとの刺激でも大声をあげて驚くような感じ』に似ていると思えばイメージしやすいんじゃないか。だから、そういう子たちは『変化』を嫌う。

そう、確かにオサム君は急な予定変更とかでもすごく嫌がるんだよ。

見通しの立たないことに不安を覚えるのは誰しも多少なりともあると思うけどな。そもそも日常の中に色んな不安や怖さを抱えている子たちにとってみれば、急な予定の変更っていうのは恐怖そのものなんだ。

じゃあ、そんな子達にはどう対応すればいいんだよ。

簡単だ。不安な人には安心を与えてあげるといい。カレーを食べたがっている人にカレーを与えればいいのと同じくらいシンプルなことだ。

安心を与えるってどうやって？

人が癒しを覚えた時に、脳の中ではセロトニンという神経伝達物質が分泌される。このセロトニンの分泌は投薬によっても促すことができるが、『人との関わり』の中でも自然と分泌を促すことができる。

なんだかこの前のドーパミンみたいな話だな。

第三章 「かんしゃくを起こすオサム君」

そうだ。同じく神経伝達物質だからな。そのセロトニンを分泌させる方法は大きく5つ。①褒める②微笑む③話しかける④触れる⑤見つめるの5つだ。まずは、そんな風に不安傾向の強い子供には、こうしたセロトニン対応を使いながら安心させてあげることが大切だと言われている。

なるほど。お化け屋敷にでもいるような不安を感じている子に褒めたり微笑んだりすることによって『安心』をプレゼントしてあげるわけだな。

そうだ。その不安や怖さが軽減されるだけで、爆発の可能性はぐっと下がるってわけだ。

俺、オサム君のこと厄介な子だって思ってたから、むしろ距離を取るような感じになってた。そうか、前提が不安なんだから、それを緩和してあげることが大切で、しかも薬とかに頼らないでも教師の関わりでそれを生むことができるんだな。

そうだ。それとな、予防のことで言うと、鉄則は『その子が調子のいい時に望ましい行動を教える』ってのがある。

調子のいい時？

かんしゃくを起こしたり、フリーズしたりしている時は心や脳がオーバーヒートしている状態だから、いくら正しいことを指導されても入りやしない。だ

53

から、その子の調子がいい時にふと思いついたように話すんだ。『そういえばさ、自分の怒りが爆発しそうな時ってどうすればいいと思う？』って問いかける感じでな。調子がいい時なんだから、きっと考えることができる。もし、それで一つでも望ましい行動を自分で考えられた時は盛大に褒めりゃあいい。その上で言うんだ。『オサム君、素晴らしいアイデアだね。今度怒って爆発しそうになったら、そんな風にしてみるといいよ。できた時は素晴らしい成長の一歩だから、一緒にお祝いしようね！』みたいな感じでな。

そうか。爆発が起きてから指導するんじゃなくて、爆発前の調子がいい時に教えて、励ますんだな。

そうだ。不安を受け止めてまずは寄り添い、その上でそっと背中を押すイメージだな。そして、もしできなかった時も叱る必要はない。はじめがやってたみたいに『約束だよ』なんて言う必要も無い。約束を交わすと、それを破ってしまった時に自己嫌悪に陥ってより不安や恐れが強くなってしまうことがあるからな。励ましたら、あとは見守って、できなかった時は『こういう時はどうすればいいんだったっけ』って落ち着いてから『確認』すりゃあいいんだ。

分かった。まずはセロトニン対応で不安や恐れを和らげつつ、調子のいい時に『爆発しそうになったらどうすればいいか』を一緒に考え、励まし、できなかったら確認、できたら盛大に褒める。こんな感じ

だな。

そうだ。いっぺんに色々やっても効果は薄い。まずはその２つをやりながら、注意深く様子を観察してみろ。色眼鏡はちゃんと外してな。

　はじめはジャックに言われた通り、オサム君への対応や観察の仕方を変えてみることにした。朝一番で会った時は明るく笑顔であいさつをし、小さなことでもいいからまずは『褒め言葉』をかけてみるようにした。褒めるポイントが特に見つからない時は、『おっ、なんか今日調子良さそうだね』のように他愛のない内容であっても、できるかぎり声をかける回数を増やしてみた。すると、オサム君の表情が少しだけ柔らかくなることが分かった。満面の笑みというわけではなく、口元がわずかに上がるくらいの微笑だが、それでも「表情が柔らかくなる変化」が起こせることが知れたことは大きな収穫だった。

　さらに、オサム君の調子が良さそうな時を見計らって、はじめは「怒りが爆発しそうな時の対処法」についても話をしてみた。二人でいろいろと話し合った結果、オサム君から「爆発しそうということを先生に伝えに行く」というアイデアが出てきた。はじめはそれを力強く褒め、「今度からそうしてみよう。応援しているよ。オサム君ならきっとできるようになるからね。」と励ましたのだった。

 ヘイジャック。

おう、どうした。

調子の良さそうな時を見計らって、オサム君と話してみたよ。

ほう、どんな話になったんだ。

うん、『どんな風にすれば爆発を回避できそうか』ってことについて、『何かオサム君が思いつくことある？これが考えられたらすごいことだと先生は思うんだ。』みたいに話してみた。そしたらさ、『爆発する前に先生に話す』ってオサム君が答えたんだよ。本当にそんなことができるかは分かんないんだけど、せっかく自分で考え付いたアイデアだから、『素晴らしいアイデアだね。』と褒めた上で『君ならきっとできるよ』って励ましておいた。

そいつはすごい。大進歩じゃねえか。まず、『自分で考えられた』ってことが素晴らしい。しかも、それを認めてもらって励ましてもらえたんだから、きっと相当嬉しかったはずだ。

うん、オサム君の表情も良かったし、本当にできるかは分かんないけど、希望が出てきたよ。

オサム君の不安を和らげるためにも、何かしてみたのか？

うん。今まではあんまりオサム君に関わることをし

第三章 「かんしゃくを起こすオサム君」

てなかったんだけど、意図的にコンタクトを取る時間を増やしてみることにした。とりあえず、毎朝会った時に自分から笑顔で挨拶をするのと、どんな小さなことでもいいから『褒め言葉』をかけてみることにしたんだ。

ほう、どんな風に。

『いい挨拶ができているね』とか、『遅刻せずに毎日来ていて素晴らしい』とか、『今日はなんか調子良さそうだね』とか。あんまり中身はない褒め言葉なんだけどさ、これだけでオサム君の表情が柔らかくなることが分かったんだよ。ちょっと口元が上がるくらいの小さな変化なんだけどさ、オサム君が笑うと、自分自身も何だか安心することが分かったんだ。これは大収穫だったよ。

そんな風に、調子のいい時間を増やせるようになったからこそ、さっきの『爆発前の予告』みたいなアイデアが出せるようになったんだろうな。

爆発予告ってなんだか怖い響きだけどな(笑)。そうなんだよ、オサム君が良い表情を浮かべることが増えた分、俺自身の不安もすごく減った感じがするんだよな。

いい傾向だ。そこまで来たら、もう少し突っ込んだテクニックを教えてやる。口元がわずかに上がるくらいの表情の変化が読み取れるようになったら、きっと「爆発前の表情の変化」も読み取れるよ

うになるはずだ。眉間にしわを寄せたり目が吊り上がってきたりするような変化だな。そういう感じを受けたら、こんな風に小さな声で言ってみるといい。『ちょっと爆発しそうに見えるんだけど、大丈夫?』ってな。

その対応に、何か効果があるのか?

大ありだ。こういう対応の技をパラレルトークという。パラレルトークってのは、『子供の行動や気持ちを先回りして言語化する』対応のことだ。例えば、階段で転んだ時、『膝ぶつけたね、痛かったね』と声をかけることで、次にまた同じ状況にあった時"ぶつけて痛い"と本人が言語化できるようになっていくんだ。

言語化することにどんな意味があるんだ?

言語と体験・気持ちを一致させることは、感情制御力の向上にもつながると言われている。要は、感情が爆発するケースっていうのは、『選択肢が少ない状態』ともいうことができるわけだ。通常は、自分にとって嫌なことがあった時に、その程度に応じて人は色んな対処をするだろ?誰かに相談したり、ため息をついたり、次はこんな風にしてみようとアイデアを考えてみたり。ところが選択肢が少ないと『爆発する』『爆発しない』のように極端な二択になっていることがあるってことだ。

第三章 「かんしゃくを起こすオサム君」

立った時…みたいな感じでな。そして、実際に①『先生を見つける』②『先生のそばに行く』③『先生、爆発しそうですと報告する』みたいにやってみるわけだ。

それを、機嫌のいい時にやるんだな？

そうだ。そうやって予め何度か練習した時に、ここでも力強く褒めて励ますんだぞ。『よくできたね〜。これで爆発しそうなときの練習はバッチリだね。』のようにな。

なんだか、その練習も面白そうだな。オサム君も多分笑いながらやってくれそう。

そうだ。そんな風に、心の余裕を持ちつつ面白がりながらやると、こういう対応の練習はますますうまくいきやすい。

分かった。その爆発予告練習もやってみるよ。

第四章
「行き渋りのあるレイコちゃん」

　爆発予告の練習を実際にやってみた時のオサム君は実に楽しそうだった。『先生、爆発しそうです。』『先生、今ちょっと危ないです。』など、色んなシーンを想定しながら練習してみるとオサム君は笑い出し、それにつられてはじめも笑った。そして、なぜかは分からないがはじめは「これはうまくいきそうだ」という確信にも似た期待を感じたのだった。なぜなら、色んな場面で声をかける機会が増え、オサム君の表情が少しずつ読み取れるようになってきたことから派生するように、オサム君のことが以前よりもずっと可愛らしく感じられるようになってきたからだった。

　すでに、はじめの中にあった「困ったヤツ」という捉え方はきれいさっぱり消え失せただけでなく、「心からオサム君の頑張りを応援したい」とも思えるようにもなった。教師としての専門性を高めることは、自分自身の心の安定にもつながることをはじめは感じ始めていた。

ヘイジャック！

おう、どうした。

今日はすごいことがあったんだ。オサム君が、初めて爆発予告に成功した！

『爆発予告に成功』って、以前の会話データが俺の中に保存されてなければかなりヤバいことを話している感じがするが、そうか、まずはやったな。

ああ！俺も嬉しくって、オサム君と思いっきり握手をして喜んだよ。『はじめの一歩おめでとう！よくできたね！』って思い切り褒めて、お母さんにもそのことを電話で伝えておいた。そしたらさ、家でもお母さんに褒めてもらったみたいで翌日もものすごくご機嫌でさ。

それはすごい成長だ。ここまでかなりの時間や根気が必要だったと思うが、よく頑張ったな。お前もオサム君も。

ああ、ありがとう！それからさ、今日の5時間目にテストを返すシーンがあったんだけど、オサム君の点数が前と同じくらい悪くてさ。で、直感したんだよね。だから、テストを返す前に小さな声で『爆発せずに受け取れそう？』て聞いてみたんだ。そしたら『うん、大丈夫』ってオサム君も小声で返してきて、それで、テストも破らずにちゃんと受け取ることが

第四章 「行き渋りのあるレイコちゃん」

できたんだよ。そのことも、あとで二人きりの時にこっそり褒めておいた。

お前も大した成長を遂げているな。そうだ、そんな風に一つひとつの経験から、直感力や情報収集力を高めていくことが教師としての専門性につながっていくんだ。

ジャックに素人って言われた時はさすがに腹が立ったけど、今回のオサム君のケースでやっぱり自分はまだまだ素人なんだってことがよく分かったよ。ジャック、本当に助かった。ありがとう。

かんしゃくやパニックに対する対応法はまだまだ他にもある。けどな、今みたいに『良好な関係』が築けてきたら、そう心配はない。あとは、トライ＆エラーを繰り返しながら、オサム君にとってのベストな方法を探っていくんだ。またいつでも聞きに来い。いくらでも詳しく教えてやる。

ああ、そうするよ。それでさ、実は他にも大きな課題が俺のクラスにあるんだよ。しかも、オサム君のケースよりもその状態が長く続いている。深刻なんだ。

そんなに深刻なら、なぜもっと早く相談しなかったんだ。

いきなり痛いところをついてくるなよ。この際だか

らもう正直に言うけど『俺のせいじゃないから仕方ない』って考えがあったからだ。向き合うことから逃げていたって感じだな。また素人とかアマチュアって言われそうだけど。

素人でもアマチュアでもいいじゃねえか。ここからプロになっていけばいいんだ。いいから話してみろよ。

うちのクラスになかなか学校に来れない子がいる。

ほう。

去年も一昨年も結構休むことが多かったんだけど、今年もその状態が続いていて休みがちなんだよね。いわゆる行き渋りってやつ。

具体的に行動として伝えてくれ。

第四章 「行き渋りのあるレイコちゃん」

うん、毎朝、学校までお母さんと歩いてくるんだけど、玄関まで来ると固まったように動かなくなって、喋っても『ヤダ！』の一点張り。それがほぼ毎日続いている感じで結局そのまま家に帰ったり、時には学校に入れてそのまま授業を受けたりっていう状態かな。

記録は取ってるか？

うん、この前のカンタ君の事例の時から一緒に取り始めた。曜日によるばらつきは特になくて、基本的に毎日玄関前での『ヤダ！』『行かない！』の押し問答。来れる時はきまって友達が一緒に手を引いていってくれた時。いざ授業に参加してしまえば一日そのまま過ごすことができるけど、一週間の半分くらいはそのまま家に帰って過ごしている。

学力的にはどうなんだ。

長らく行き渋りが続いているから、ついて来れないことも多いんだよな。特に漢字が苦手で嫌いらしい。名前はレイコちゃんっていうんだ。

ここまで取り組んできたことを全部言ってみてくれ。

まずはお家の人と面談をした。仲のいい友達が手を引いてくれると行けることがあるから、できるだけさりげなくその友達に玄関に来てもらえるようにす

ることを話したな。でも完全に固まった時は友達が来ても駄目だから100%とは言えない。学校に来れた時に、休み時間に一緒に遊んだり、勉強も分からないところをできるだけ個別に教えてあげたりしようと努力している。でも、正直なところこれらの取り組みにはほとんど効果を感じていない。だって、状況は特に変わらないんだから。

だいぶ記録と分析ができるようになってきたじゃないか。『行きたがらない』理由はどんな風に考えてるんだ？

前に俺の授業の音源を聞いてもらったことがあったろ？今は相当マシになったんだけど、あの時は注意や叱責でクラス全体を動かそうとしてたから、レイコちゃんはそのイメージが強くて俺のことを怖がっているのかもしれない。あとは、勉強だな。せっかく来ても分からないところだらけだったら、それは嫌になっても仕方ないかなと思う。唯一、音楽の授業は好きみたいだけど、他の授業で音楽をするわけにもいかないし…。何度も考えたんだけど、このくらいしか思い浮かばない。

休んだ時に家では何をしてるんだ？

それはまだ聞いたことが無いな。お母さんとは『学校にどうすれば来られるか』ばかりを話してたから、家での過ごし方についてはまだ話せていない。

第四章 「行き渋りのあるレイコちゃん」

そこだ。

そこって？

お前は確かに家にいるレイコちゃんの姿を見ることはできないが、学校にいない間にそこで何が起きているかを知ることなしにはこの問題は解決できないだろうな。

家での様子はお母さんに聞けば分かると思うけど、それで何かできることが浮かんでくるのか？問題なのは玄関前で『ヤダ！』と固まることなのに。

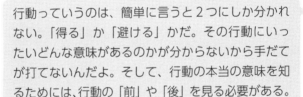

行動っていうのは、簡単に言うと2つにしか分かれない。「得る」か「避ける」かだ。その行動にいったいどんな意味があるのかが分からないから手だてが打てないんだよ。そして、行動の本当の意味を知るためには、行動の「前」や「後」を見る必要がある。

よく分からないけど、確かに家での状況は聞いたことが無かったから、一度お母さんに尋ねてみるよ。

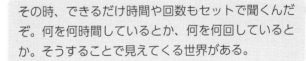

その時、できるだけ時間や回数もセットで聞くんだぞ。何を何時間しているとか、何を何回しているとか。そうすることで見えてくる世界がある。

分かった。お母さんにもレイコちゃんの行動をしっかり見てもらう必要がありそうだな。

69

それからもう一つお前に聞きたいことがある。

なんだよ。

今まで向き合うことから逃げていたとお前は言ったな。逃げるのをやめて向き合おうと思ったのはなぜだ。

それは…本物の『いい先生』になりたいと思ったからだ。カンタ君のことも、オサム君のことも、取り組んでみて分かったけど、問題の原因はむしろ彼らじゃなくて俺の中にあった。俺、恥ずかしかったよ。本当は『いい先生』になりたいと思って教壇に立ったのに、実際はうまくいかないことだらけで、その対処の仕方も全然知らなくて、口をついて出るのは愚痴とか文句ばかり。でも、カンタ君とかオサム君が俺に勇気とか希望をくれたように思う。だから、レイコちゃんのことも人のせいにしないでちゃんと向き合いたいと思ったんだ。

よく分かった。いい心意気だ。少しプロらしくなってきたじゃねえか。今回のレイコちゃんのことは今まで以上に時間や根気が必要なケースだと思うが、今の気持ちを忘れずに頑張ってみろ。

ああ、分かった。時間はかかるかもしれないけど、俺、頑張ってみるよ。

　ジャックに言われた通り、はじめは早速レイコちゃんのお

第四章 「行き渋りのあるレイコちゃん」

母さんに休んでいる時の様子について尋ねてみることにした。最初の返答は『特に大したことはしていない』だったが、そこで引き下がらずに詳しく尋ねてみると、ほとんどの時間はスマホで YouTube を見てぼーっと過ごしていることが分かった。学校に行けていないことについて真剣に向き合って叱ったこともあったけれど、レイコちゃんが固まって言葉が出てこなくなるので最近はあまりしていない。それから、食材の買い物に行くのは進んでついてくるようで、昼ご飯を作るときもよくお手伝いはしてくれるとのこと。これが分かったからと言っていったい何ができるのかはじめには分からなかったが、ひとまずその情報をジャックに聞いてもらうことにした。

ヘイジャック。

おう、どうした。

レイコちゃんのお母さんに聞いてみたよ。ほとんどの時間は好きなアーティストの曲をスマホの YouTube で聞いて過ごしているらしい。あとは、週に何回かお母さんの買い物についてくるみたいで、その時はお昼ご飯を作る手伝いもしてくれているんだって。真剣に叱ったことも何度かあるらしいけど、固まるばっかりでほとんど効果は見られないらしい。

ほらな。これでいろいろと打てる手だてが見えてき

たぞ。

どういうことだよ。

いいかはじめ。不登校の問題はよく『天秤の法則』で考えるといいと言われるんだ。

天秤ってあの皿が2枚ある実験器具のことか？

そうだ。学校と家っていう2つの皿があったと考えてみろ。そして、その皿にはプラスやマイナスの重りが載っかっている。

プラスとマイナス？

プラスの重りは自分にとって望ましいこと。つまりはご褒美だな。マイナスの重りは自分にとって嫌なこと。行動を回避する原因と言ってもいい。今の状態だと、レイコちゃんの心の天秤には、家と学校、どっちにプラスの重りがたくさん載っていると思う？

そりゃあ家だな。好きな音楽を聴けるし、のんびり過ごせるし、お母さんと買い物にも行けるし、料理のお手伝いもできるし。

それに対して学校の方の皿には何が載ってる？

仲良しの友達と過ごせるのはプラス、でも苦手な勉

強をしなくちゃいけないのはマイナスか。あとは俺のことが苦手だとしたらそれもマイナスになってるだろうし、何より家と違ってのんびり過ごすことができない。

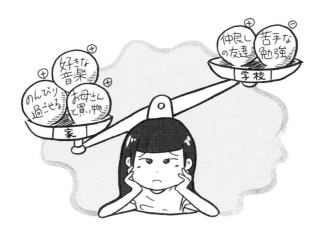

な、これではどれだけ学校で頑張っても永遠に皿は傾くことがない。だから、お家の人にも協力してもらう必要があるな。

どんな風に？

学校に本来ならば行く時間の間だけでいいから、家でのプラスの重りをまずは外すことだな。そして、学校でのプラスの重りをできるだけ増やしていく。これを『環境調整』っていうんだ。

天秤の皿の傾きを変えるってことか。

そうだ。今の状態はアンバランス過ぎるし、何よりスマホやYouTubeに依存している可能性すらある。デジタルメディアへの依存は一つの病気だからな。

何かお母さんに示せるような具体的な資料はあるか？

もちろんだ。ほれ。

高校生の4割強　一日約4時間スマホでネットを利用

スマホは、今や中高生にとって欠かすことのできないツールです。内閣府が2023年3月に発表した調査*によると、中学生の78.9%、高校生の97.9%がスマホを利用し、高校生のスマホの平均利用時間は、平日のインターネット利用だけで約4時間に及びます。しかも**高校生のスマホ利用者の41.2%は、一日に4時間近くスマホでインターネットを利用すると回答しています。**

限られた時間の中で学習を進めなければならない受験期に、スマホが気になって勉強が手につかない子どもの様子を見て、不安になる保護者も少なくないでしょう。

*「令和4年度 青少年のインターネット利用環境実態調査報告書」から

長時間利用が続けば「依存症」になる恐れも

スマホを長時間使い続けると、**「スマホ依存症」になる**リスクもあります。依存症とは、**特定の行動や物質の使用を自分の意思でコントロールできなくなる病気**です。依存症になると、生活や健康に深刻な問題が生じますが、そのことを自覚してもなお使用を制御できない状態や、やめたくてもやめられない状態になります。そうなっては受験勉強どころではありません。

ネットやゲーム依存を専門とする公認心理師、臨床心理士で、依存症の当事者や家族のカウンセリングに携わる森山沙耶さんによると、**海外の研究では、1週間に30時間以上のインターネットやゲームを利用している場合に依存症の割合が高いという報告がある**そうです。この基準を当てはめれば、日本の高校生の平均利用時間である一日約4時間のスマホでのインターネット利用は、使いすぎに該当するかもしれません。

「とはいえ、週30時間が使いすぎかどうかは、生活環境や利用用途によって異なります。米国の精神医学会が作成したゲーム障害の診断基準は『インターネットゲームができないと、いらいら、不安、悲しみなどが生じる』『以前の趣味や楽しみへの興味を失う』など9項目で構成されています。ゲーム障害とほぼ同じ仕組みで引き起こされるスマホ依存症についても、同様の基準に照らしながら総合的に判断する必要があります」（森山さん）

これは内閣府の調査を基にした2023年11月23日の朝日新聞の記事だ。『1週間に30時間以上のイ

ンターネット利用は依存症の恐れあり』の部分は分かりやすい数字だろうな。

確かに。これはお母さんに伝えられると思う。

記事にはこんなグラフやアドバイスもあったぞ。一応、目を通しておけ。

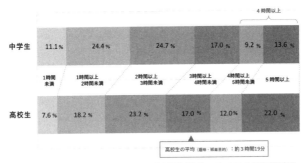

(内閣府「令和4年度 青少年のインターネット利用環境実態調査報告書」のデータをもとに編集部で作成)

森山さんは、次のようにアドバイスします。

「スマホが唯一の息抜きならば、スクリーンタイムのような時間制限機能をうまく利用して、ある程度の使用は許容したほうがいいでしょう。注意しなければならないのは、スマホの利用そのものより、**スマホの長時間利用が原因で起こる行動上の問題**です。動画視聴やSNSをなかなか切り上げられないといった程度ならさほど心配はいりません。でも、成績が著しく低下したとか、生活のリズムが乱れて遅刻が大幅に増えたというようなことがあれば、**日常生活に支障が出ているのにスマホ利用を制御できていない**ということです。このような場合は、医療機関などで専門家の治療やカウンセリングを受けることをお勧めします」

息抜きのレパートリーを増やして

子どもをスマホ依存にさせないためには、**長時間のスマホ利用を習慣化させない**ことも重要です。まずは現状の利用時間や利用目的、一日のスケジュールを確認しながら、子どもと一緒に最適なスマホ利用時間を考えてみましょう。利用時間の上限や使い方のルールを決める際は、ゲームはどの程度プレーすると区切りがつけやすいのか、SNSのやり取りは何時ごろが盛り上がるのかなど、具体的な内容に即して**子どもの意見を聞いてから親の考えを伝え、落としどころを探す**のがいいでしょう。

大事なのは『長時間のスマホ利用を習慣化させない』『落としどころを探す』って部分だな。これができればさっきの天秤の傾きが大いに変わる可能性がある。

お母さんにこういうデータを伝えたとして、どんな風にアドバイスをすればいいかな。

これも色々やり方がある。でもまずは、レイコちゃんと話した上で、『学校に行く間はスマホを預かる』っていう形がいいだろうな。おそらく、今は本来学校に行く時間も放課後の時間もスマホはやりたい放題なんだろ？

きっとそうだと思う。夕方以降もスマホをずっと見て過ごしてるって言ってたから。

なら、『学校が終わった時間になったら使ってもいいから』というのが一つの落としどころになりそうだよな。もちろん、お母さんに覚悟と決断ができるのなら完全にスマホ断ちするのも一つの方法なんだぜ。実際、スマホ断ちをするだけで学校に行けるようになった例はたくさんある。

レイコちゃんのお母さんは、きっとそこまではまだ決断は難しそうだけど、『夕方までスマホを預かる』だったらできそうな感じがするな。

そうだ。落としどころを見つけて、その上でルール

第四章 「行き渋りのあるレイコちゃん」

化してしまうのがいいだろうな。紙に書いて家に貼り出すのも効果があるんだぞ。

他に家で取り組んでもらうといいことは？

さっきの買い物はレイコちゃんにとって何よりのプラスの重りになっている可能性があるよな。なんせ、大好きなお母さんと二人きりで買い物に行けるんだから。これも、学校のある時間に行くんじゃなくて、夕方以降にしてもらったらどうだ。

普段の生活リズムを変えることになるだろうけど、それもきっとレイコちゃんのお母さんならできると思う。けれど、それだと日中の時間はつまらなくなるだろうな。スマホもお買い物もなくなるんだから。

それだ。その『つまらなくなる』っていうのも大切なことなんだぜ。自然と天秤が学校に傾きやすくなるからな。

なるほど〜！

もちろん、この環境調整は一つ目の方法だ。やってみる価値は十分にある。あと、もう一つだけポイントを教えるとしたら、お母さんに『学校に行かないレイコちゃんを困った目で見たりせずに家ではご機嫌に過ごしてください』ってことを俺なら伝えるだろうな。

それはいったいどういう意味だ？

これは『愛着』っていう部分にも深く関わっているから簡単には説明が難しいが、要は『困った目で見られる』っていうのがレイコちゃんにとってのプラスの重りになっている可能性もあるってことだ。

へぇ、そりゃ不思議な現象だな。

もちろん、学校に行かないで家にいる時も、お母さんは話しかけられたら普通に返していいし、ご飯ももちろん一緒に食べたらいい。でもその時に、レイコちゃんを困った目で見たりせずにありのままの姿を受け止めて、簡単に言えばご機嫌で過ごすんだ。これが『あなたがどんな状態でもママはあなたのことを応援しているし愛しているよ』っていう何よりのメッセージになる。

なんだかジャックらしくない愛と人間味にあふれた言葉だな。

ばか野郎。俺ほど愛にあふれたヤツはいないぞ。いいかはじめ。愛ってのはな、簡単に育まれるものじゃない。例えるならそうだな、コトコトじっくり煮込んだ…

分かった、カレーの話はもういい。ひとまずお母さんに話してくるよ。学校に行ってくる！

第五章
「ひかり先生との再会」

　はじめは、ジャックにもらった資料やデータをもとに、お母さんにいくつか話をしてみることにした。もちろん自分は若輩教員で子育てもしたことがないからアドバイスをするのは勇気のいることだったが、考えてみればお母さんだって最初からお母さんだったわけではない。むしろ目の前で起こる未経験の出来事に日々一喜一憂しているのは自分と同じではないかと考えると、一歩を踏み出す勇気が湧いてきたのだった。お母さんは、はじめの話を真剣に聞いてくれた。そして資料もしっかりと読んだ上で「家でのスマホルール」を作ることにも賛同してくれた。もちろんすぐに結果が出るわけではないのはよく分かっている。けれども、「打つ手がある」というのは自分自身の希望にもつながることを、はじめは改めて感じたのだった。そう考えると、「打つ手」の引き出しを増やしていくことが、教員としてのレベルアップにつながるのではないかと思うようにもなった。はじめは、さらなる手だてを得るべく、教育実習でお世話になったひかり先生に連絡を取ることにした。ひかり先生は快く応じてくださり、休日に話を聞いてくれると返信が来た。はじめは、実習の時以来となるひかり先生との再会に胸を躍らせながら、待ち合わせのカフェに向かったのだった。

ひかり先生、お久しぶりです！休日なのに時間をとってくれて本当にありがとうございます。

はじめ君、久しぶりね。実習の時以来だからもう2年ぶりかしら。

はい、メールにも書いたんですけど、今年の4月から新米教員として頑張っています。

そっか、もう立派に『はじめ先生』なのね。なんだか実習の時とは全然違う雰囲気だから驚いちゃった。

現場に出てからうまくいかないことだらけで悪戦苦闘の毎日なんですけど、最近少しずつ『やりがい』みたいなものが感じられるようになってきて、もっと自分に力をつけたいと思えるようになったんです。それでひかり先生にまたいろいろとアドバイスをもらえたらなと思いまして。

本当に驚いた。今だから言うけど、実習の時はちょっとはじめ君のことを心配していたのよね。ほら、あなた困ったことを少し周りのせいにする癖があったでしょう？

80

第五章 「ひかり先生との再会」

うっ、バレてましたか。

20年も教員をやっていて、たくさんの実習生を間近に見ていると見えないことも見えるようになるものなのよ。でも見違えたから驚いちゃった。何かきっかけでもあったの？

現場に出てからも実は『なんで初任の俺に大変なクラスを持たせるんだよ』って内心、管理職を責めていた自分もいたんですけど、結局そんな風に周りのせいにばかりしていたら何も変わらないってことに気づき始めました。

分かるなぁ。私も若い頃そうだった。

えっ、ひかり先生が？

そうよ。私だってつい周りのせいにしたくなる時があるし、うまくいかなかったこともたくさんあるわ。何なら今でも私も悪戦苦闘の日々なのよ。

実習で見たひかり先生の姿からは考えられません。

教育実習っていうのは、学級の途中の一部分しか見られないものね。あのクラスも、きっとはじめ君にとってみれば『すごい子供たち』のように映ったと思うけれど、子供たちがそこに至るまでの半年間だっていろんな紆余曲折があったのよ。

81

僕はまだ1年間クラス担任として走り切ったことがないんですけど、そうだったんですね。あのクラスにもいろんな歴史があったんだぁ。

それで、今日は何か聞きたいことがあったんじゃないの?

そうなんです。実は自分のクラスに行き渋りのある女の子がいて、その、自分にできる手だてを増やしたいと思ってまして。

今は不登校だけでも小中学校で30万人を超したというものね。どのクラスを担任しても、そういうことが起こりうる時代だと思うわ。

えっ、そんなに今は多いんですか!?

ちょうどこの前記事が出たばかりよ。スマホでもすぐに見られるわ。ほら。

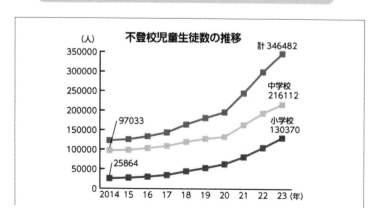

第五章 「ひかり先生との再会」

> 2023年度に全国の国公私立の小中学校で「不登校」と判断された児童生徒は前年度から15・9％（4万7434人）増の34万6482人だったことが10月31日、文部科学省が公表した「問題行動・不登校調査」の結果で判明した。
>
> 11年連続で過去最多を更新し、30万人を突破した。不登校児について教員が把握した相談内容は「やる気が出ない」（32％）が最多で、その次に「不安・抑うつ」（23％）が多かった。
>
> 不登校は病気や経済的理由ではない要因で年間30日以上登校しないことを指す。23年度の不登校は小学生が13万370人で10年前の5倍に増えた。中学生は21万6112人で、同じく2・2倍に増えた。小中学校とも高学年ほど多い。

これは2024年11月10日の福祉新聞に載っていた記事ね。

多くなっているとは聞いていたけど、まさかこれほど多いとは知りませんでした。

色んな要因が絡んでいる問題だけど、現場の教員としてはやっぱり学んでおかなくてはならない必須の学びもあるように思うの。

と、言いますと？

そうね、例えば特別支援教育における学びはその筆頭格だと思うわ。

不登校と特別支援教育の学びって関係があるんですか？

関係ありありよ。発達障害の子が年々増えているっ

> ていうデータは知ってる？

> はい、文部科学省の調べによると、通常学級でも約8.8%。およそ10人に1人くらいの割合でいるってこの前知りました。

> そう、その発達に特性がある子たちへの対応をしっかりと学ぶ機会がすごく少ないの。

> はい、僕もそのことは現場に出てから痛いほど感じてます。

> それによって、指導が難しくなったり、学級が荒れたりしているケースは全国に山ほどあるわ。

> 全然他人事じゃなくって、むしろ自分にも完全に当てはまっているように思います。

> 私の知り合いの小児科医はね、『不登校を見たらまずは発達障害の可能性を見る』とも言っていたわ。対応の難しいお子さんが学校という場所に行きにくさを抱えているケースがすごく多いということよ。その小児科医の先生はね、自分の経験から言って90%以上は発達障害の傾向があるとも言っていたわ。

> そんなに！

> もちろん、発達障害は生まれ持った脳機能の偏りであるわけなんだけど、生まれ育った環境によっても同じような状態を示す子たちも多いの。

第五章 「ひかり先生との再会」

えっ、どういうことですか？

愛着障害と言ってね、養育者から安定した愛情を受け取ることができなかった子供たちも発達障害と同じように、強い不安傾向や高い衝動性などを示すことがあるの。その見分けは、専門家にも難しいと言われているわ。

発達障害は先天的なもの、愛着障害は後天的なもの。でもどちらも似たような状態になることがあるってことですか？

そうね。だから、特別支援教育のことを現場の教員はよく学んでおく必要があるの。色んな要因でいろんな発達の特性を抱えた子たちを私たちは担任するわけだから。

大学の時に確かに学んだことはあったんですけど、机上で学んでいることだけでは現場では分からないことだらけでした。

そうなの。本当は教員養成の段階にも課題が山ほどあるんだけど、今の状況ではそこを嘆いてばかりもいられないのよね。現に私たちは教員として学校で勤めているわけだし。

すごくよく分かります。目の前の子供たちを見ながら、OJTで学んでいくしかないんですよね。

そうした色んなお子さんへの対応が難しくて、現場を離れてしまう先生も少なくないの。ほら、これ見て。

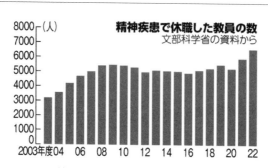

精神疾患で休職した教員の数
文部科学省の資料から

精神疾患で2022年度に休職した全国の公立学校教員が6539人（前年度比642人増）に上り、2年連続で過去最多を更新したことが22日、文部科学省 の調査でわかった。精神疾患で病気休暇（1カ月以上）を取った教員との合計も過去最多の1万2192人に上った。精神疾患による休職者・休暇取得者の割合は全体の1・42%だが、若い世代ほど割合が高くなり、20代の教員に占める割合は2・02%。若手の負担感が重いことをうかがわせる結果となった。

ホントだ。若手の人ほど負担感が重いとも書いてある。

業務の多忙さとか他にもいろいろ原因はあるんだろうけど、私は『忙しい』くらいでは人は先生を簡単に辞めないと思っているの。忙しくても仕事にやり

第五章 「ひかり先生との再会」

がいを感じている時は人は幸せなのよ。でもどうしたらいいか分からなくなって打つ手がないと、八方ふさがりになった時に絶望してしまう人は少なくないと思うのよね。

分かります。僕も打つ手があるときは希望が湧いてくることがあるんだってこの前感じたばかりなんです。それでひかり先生に色々教えてほしくて。

そうだったわね。行き渋りのある子にどんな対応をするか、か。ここまではどんな取り組みをしてきたの？

はい、今はお母さんと相談してまず環境調整に取り組んでいるところです。休んでいる時にスマホでYouTubeばかりを見ていたそうなので、それを日中は禁止にするルールをこの前作ってもらったところです。

うん。環境調整のことはちゃんと知っているのね。

それで、今度は学校にプラスの重りを増やしたいと思っているんですけど、なかなかいい方法が浮かばないんです。

あら驚いた。行動分析学のことも学んだの？

行動分析学？

さっきのって天秤の法則の話でしょ。奥田健次さんの本に書いてあった。

行動分析学や奥田さんのことは知らなかったんですけど、確かに天秤の法則のことは頭に思い浮かべてました。

へぇ、どうやって天秤の法則のことを知ったの？

それは、近くにアドバイスをくれる人がいて……。

それは素晴らしいことじゃない。そんな風にあなたにアドバイスをくれる人がいるなんて。職場の先輩？

いえ、違います。身近な友人というかなんというか、確かに頭は切れるやつなんですけど、とにかく口が悪くて。

第五章 「ひかり先生との再会」

言い方が荒くたって、その方は的確なアドバイスをくれていると思うわ。表面的なところばかり見ないで、中身を見ないとね。中身を。

おんなじことをそいつにも言われました。でも、『甘ったれんな』とか『ばか野郎』とか、とにかく口が悪いんです。

あら。私だって口には出さないけど同じようなことを思う時もあるわよ。はじめ君に対してだって、実習中に何度か『甘ったれんな！』って思ったこともあったわ。

ええー！そんなこと言われてないから全然気づきませんでした。

もちろん私もきっと同じように思われていた時があったと思うわ。お母さんが赤ちゃんと一緒に一人の母親として一歩一歩成長していくように、先生もまた子供たちと一緒に一人の教師としてとして一歩一歩成長していくの。だから、まだ教育者としての道を歩き始めたばかりのはじめ君に対して、そんな言葉を言うわけないわよね。でも、今はお互いプロ同士なんだから、言いたいこと言うわよ。

はい！ぜひ辛口でお願いします！

本当にたくましくなってきて、私もなんだか嬉しいわ。そうね、学校のプラスの重りを増やすなら、例

えば「トークンエコノミー法」という方法があるわ。

トークンエコノミー法？

簡単に言うとポイントカードのようなものね。ここのカフェも来店ごとに1ポイントがもらえて、10ポイント貯まると1杯コーヒーが無料になるの。ポイント自体はお金じゃないんだけど、それが貯まっていくことによって「あのカフェにまた行こう」っていう行動が強化されたりするのよね。

それを学校でも活用できるんですか？

学校どころか、医療や福祉現場でも広く活用されているわ。海外では「治療」にも用いられているところもあるくらい。

どんな風に使えるのか教えてもらえますか？

ちょうど私のタブレットにデータが入ってるから見せてあげようか。例えば、一番簡単なのではこんな感じ。

☆がんばりシート☆

「〜〜〜〜〜〜〜〜〜〜」ができると1ポイント！

① 　② 　③ 　④ 　⑤

第五章 「ひかり先生との再会」

こんな風に、引き出したいターゲット行動を決めて、ポイントが貯まったらご褒美をもらえるみたいにするの。

へ〜、こんな方法があるんですね。

貯めていくポイントは、シールでもハンコでもいいんだけど、こんな風に自分が頑張ったことが視覚化されることで達成感を得られたり、行動を持続させる動機づけにもなったりするの。

ご褒美は具体的に何を与えたらいいですか？

それは物でも活動でも何でもいいんだけど、その子が大好きなこととかキャラクターとかが分かっているといいわね。ね、その女の子は何か好きなことはないの？

その子が唯一好きな教科が音楽ですね。家でスマホを見てる時も、YouTubeで好きなアーティストのライブ映像をずっと見てるらしいです。それから、お母さんと買い物に行くのも好きだって言ってたな。お料理の手伝いも結構進んでやるそうです。

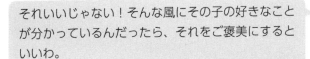

それいいじゃない！そんな風にその子の好きなことが分かっているんだったら、それをご褒美にするといいわ。

これは、その子のお母さんにも協力してもらうとい

うことですか？

そう、学校の中だけでトークンエコノミー法を使うパターンもあるけれど、大切なのはその子が本当に好きだと思う気持ちをうまく生かしていくことなの。ここを上手に運んでいくことができれば、望ましい行動はどんどんと引き出される可能性があるわ。

分かりました！お母さんと相談してみます！

　ひかり先生のおかげで新たなプラスの重りを増やす方法を知ったはじめは、レイコちゃんのお母さんに早速相談してみることにした。そして、相談の上にターゲット行動を決め、トークン表を作ることにした。玄関前でフリーズした時に特に頭を悩ませているのが「靴を履かないこと」だった。頑と

第五章 「ひかり先生との再会」

して靴を履かないでその場で『ヤダ！』と固まることが少なくない。反対になんとか靴を履くに至った時はそのままスムーズに教室まで行くことができた。そして、お母さんと相談しながら遊び心として「１日の授業を全部受ける」「家から学校まで自分一人で行く」ことのボーナスも付け加えてみた。お母さんは「ボーナスポイントの『一人で学校に行く』は相当ハードルが高いので多分無理だと思います」と話していたが、「ひとまずやってみないと分からないので、試しにやってみましょう」とはじめは声をかけ、トライしてみることにした。５ポイントごとのご褒美はレイコちゃんと相談の上、「お母さんと買い物に行って好きな夕食のメニューを作る」にしたのだった。

☆レイコちゃんがんばりシート☆
学校の玄関で靴を履き替えられたら１ポイント！
１日の授業を全部学校で受けられたら１ポイント！
朝、家から学校まで自分一人で行くことができたら３ポイント！

第六章
「はじめとひかり先生と時々ジャック」

ヘイジャック！ヘイジャック！

おう、どうした。今日はやけに元気がいいな。

聞いてくれよ！レイコちゃんが学校に入れるようになったんだよ！

なんだと、この前のアドバイスからまだ2週間くらいしか経ってないぞ。

それがさ、家でのスマホのルールを作ってもらって、学校にプラスの重りが増やせないかと思ってトークンエコノミー法に取り組んでみることにしたんだ。

お前にはまだ確かトークンエコノミー法のことは教えてなかったはずだぞ。なぜ知ってる。

ひかり先生に教えてもらった。この前勇気を出して連絡を取ってみたら、休日にカフェでアドバイスをくれたんだ。やっぱりひかり先生も特別支援のことをすごく学んでる先生だった。

まずは環境調整をして様子を見てからと思っていたのに、えらい進展ぶりだな。ご褒美は何にしたんだ？

お母さんと買い物に行って、好きな夕食のメニューを一緒に作ることにした。初めてのご褒美の時、レイコちゃんものすごく嬉しそうにしてたって。お母さんからもいっぱい褒めてもらって、大好きなハン

第六章 「はじめとひかり先生と時々ジャック」

バーグを一緒に作ったって日記にも書いてきてくれたんだ。

そいつはすごいな。お母さんとはじめとレイコちゃんの3人でつかんだ宝物だ。レイコちゃん、さぞかし嬉しかっただろうな。

そしたらさ、玄関前でまず固まることが無くなったんだよ。学校に来てからスムーズに靴を履いた時、お母さんと思わず目を丸くして見合っちゃったんだよね。でも、特に驚いたりせずにそのまま笑顔で出迎えたんだ。お母さんとはちゃんと事前に打ち合わせをしておいた。スムーズに靴がもし履けた時も驚くことなく自然に出迎えるので、お母さんもご機嫌でそのまま自然に見送ってくださいってね。

お母さんもそれは嬉しかっただろうな。

それだけじゃないんだよ!今日の朝、レイコちゃんがなんと自分一人で家を出て学校に来たんだ。お母さんさ、一所懸命涙をこらえながら笑顔で見送ったって。すぐに学校に電話が来たよ。『先生、あの子が一人で家を出ました』って。お母さん、電話口で泣きながらお礼を言ってくれてさ。

……。

俺も思わず電話しながら泣いちゃったよ。で、『お母さんが家でしっかりルールを作ってくれて、レイ

コちゃんと色々話をしてくれて、トークン表にも協力してくれて、だからこれはお母さんのおかげです。本当にありがとうございます。』って俺からもお礼を言ったんだ。学校に来てからもなんだか前より自信がある感じっていうか、レイコちゃんの笑顔が増えたんだよ。

……。

おいジャック、聞いてるのか。レイコちゃんがな…

ああ、ちゃんと聞いてる。本当に驚いたよ。レイコちゃんやお母さんの変化もそうだけど、お前自身の変化にだ。

俺の？

この数か月間で、お前はずいぶん変わった。前は周りのせいばかりにして、愚痴っぽくて甘ったれなヤツだったけどな、今は目の前の子供たちに自分が何をできるかを真剣に考えるようになったじゃないか。

……。

気づいているか？お前は最初、アプリをインストールした時に「大変なクラス」「大変な子供たち」って言い続けていたんだぞ。でもここ最近のお前が発する言葉には、そのような表現が含まれなくなった。

第六章 「はじめとひかり先生と時々ジャック」

俺の音声ログにもデータがしっかり残っている。お前は、子供たちを「大変」扱いしなくなった。自分にできることを考えるようになったんだ。

……。

もちろん、まだまだお前は知識も技術も足りない。もっともっと勉強しなくちゃいけないこともある。でもな、子供のせいにしたりしないで、自分に向き合えるようになった姿こそが俺は教育のプロなんだと思うぞ。いいか、教師だって人間だ。できることもできないこともちゃんとある。いつまで経っても半人前だ。その半人前の世界に、もしプロの称号があるとするなら、俺は「子供のせいにしたりせず自分にできることを真摯に考え続ける」姿にこそ、その称号は与えられるべきものなんだと思う。お前は、プロとしての道を立派に歩み始めたよ。

……。

おい、はじめ、聞いてるのか。

ああ、聞いてる。やめろよ、AIのクセに。どこにそんなあったかい言葉が組み込まれているんだよ。

言っただろ、俺ほど愛にあふれているヤツはいない。ただな、愛ってやつは甘い言葉をかけることばかりじゃないんだ。時にはスパイスのきいたピリッとした言葉をかけるのもまた愛なんだよ。時にはそれが辛すぎて悶えることもあるかもしれないけどな。でも愛っていうのはそういうもんだ。そう、例えるら……。

カレーだろ？

そうだ。だいぶお前にもカレーの素晴らしさが分かってきたようだな。いいか、カレーの歴史は古い。そもそも……。

分かった。カレーの話が素晴らしいのもよく分かった。ところでジャック、このアプリは試作版って聞いたけど、いったいどうやって作られたんだ？経緯を教えてくれよ。

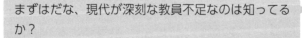

まずはだな、現代が深刻な教員不足なのは知ってるか？

うん、知ってる。この前ひかり先生にも教えてもらった。

第六章 「はじめとひかり先生と時々ジャック」

教員不足の一因になっているのが、若手の先生が入ってこないことや、入ってもすぐに辞めていってしまうことだ。そして、そこに拍車をかけているのは、特別支援教育に関する学びが圧倒的に不足していることに原因があるとアプリの開発メンバーたちは考えたわけだな。

うんうん。

ところがだ。現代の若者だけでなく、日本人全体に言えることだが『恥』の文化が存在するわけだな。なんでも自分で抱え込んでしまったり、人に尋ねるってことが苦手な人も多い。教えてもらうことを恥ずかしいと勘違いしているやつも大勢いる。中には、お前みたいに甘口のルーに浸かってきたようなヤツもいるわけだ。

甘口で悪かったな。で、それがアプリの開発とどうつながるんだよ。

恥ずかしがりの日本人に最近ウケているのが、音声AIによる学習アプリだ。英会話を習得する時にも、「よく分からない」「聞き取れない」って人に言うのが恥ずかしくて英語を習得できないやつがたくさんいる。そんなヤツに AI アプリは最適なんだ。相手は人間じゃないから、「分からない」って言うのも全然恥ずかしくないだろ？

そうか、確かにな。俺も現場で自分ができないこと

を人に聞くのは恥ずかしかったもんな。同期の中にはものすごくコミュニケーション力が高くてどんどん質問できるやつもいるけど、俺は確かにそういうのが苦手だな。

お前だけじゃなくて、『恥』の文化に生きている日本人にはそういうヤツが多いんだ。でも、学校現場では「分からない」と思ってる間にも子供たちは毎日登校してくる。そしてお前がぶつかったように、様々な壁にぶつかり続ける。その時に、お守りのように支えてくれるアプリができないかと開発メンバーたちが考えたわけだ。

その開発メンバーって誰なんだよ。

名前は非公開になってるな。俺のデータベースの中にもメンバーの名前は入っていない。どうも、わざとそうしたらしいな。ただ、メンバーの特徴は分かるぞ。なんたって、俺自身でもあるわけだからな。

どんな特徴だよ。

教職員経験が豊かであること。それから同僚や地域からの推薦があること。どうも、アプリの開発メンバーになるには立候補ではなく推薦システムを採用しているみたいだな。それから、今回のアプリは特別支援教育に特化した内容だから、特別支援に関する知見を深くもっていること。あとは、根っからのカレー好きで気性は割と荒めだな。

第六章 「はじめとひかり先生と時々ジャック」

本当にジャックそのものじゃないか。

そうだ、俺の中にはそのメンバーたちの言葉や感性がそのまま反映されている。お前にかけた言葉やアドバイスも、全てあらかじめ学習したデータに基づいて生成されたものなんだ。

その開発メンバーの先生たちってすごいな。会ってみたい。

そのあたりはトップシークレットになっているからな。ミシュランの覆面調査員みたいなもんだ。今も若手の先生の心情とかをリサーチするために他の人にバレないように密かに調査や研究を続けてるらしいぞ。だから、お前だってすでにどこかで出会っている可能性すらある。

……。

どうした？はじめ。

いや、何でもない。しかし、すごい時代になったよな。AIアプリがここまで進化してるなんて驚いたよ。

テクノロジーは確かに進んだが、問題は山積みだ。少子化が止まらなくて子供たちの数は減っているのに、不登校の数は増え続けていて、先生たちも学校に集まらなくなっている。けどな、教職って仕事はやっぱり素晴らしい仕事なんだ。その素晴らしさ

を感じることなく教壇を去る人を少しでも減らしたいって言うのがメンバーの願いなんだろうな。

そういう意味では、十分このアプリは大成功を収めてるよ。少なくとも、うちのクラスのカンタ君やレイコちゃん、そして俺は救われた。

ま、まだまだ半人前だけどな。

分かってるさ。特別支援教育の学びも、まだまだ奥が深いってことくらい馬鹿でも分かる。

いい心がけだ。ま、俺も試作版だから半人前といえば半人前なんだけどな。けど、カレーはやっぱり一人前がいいぞ。いや大盛りがいいな。ちなみに俺の故郷の札幌はスープカレーが有名なんだぞ。ルーのカレーもいいけどスープもいい。なんでスープカレーが生まれたかというとだな。

お前、故郷が札幌って言ったか？

そんなこと言ったか？まぁ試作版だから色々と情報がこんがらがることもあるよな。俺はそもそもAIだから故郷なんてない。

そうだよな。ジャック、ひとまずここまでありがとう。また困ったことがあったら助けてくれよな。

お安い御用だ。いつでも頼ってこい。カレーの大鍋

第六章 「はじめとひかり先生と時々ジャック」

みたいにいつでも愛をもって受け止めてやる。

分かった、分かった。じゃあ、ちょっと用事があるから出かけてくるよ。

　環境調整やトークンエコノミー法の活用によって学校に来られるようになったレイコちゃん。そのお礼を伝えるために、再びはじめはひかり先生に連絡を取った。待ち合わせはこの前と同じカフェ。到着すると、すでにひかり先生は席に座っていて読書をしていた。

ひかり先生！お待たせしちゃってごめんなさい。

ああ、はじめくん。こんにちは。ちょうどいい天気だったから散歩がてら早く家を出てね。お気に入りの本を読んでいたところだから全然気にしないで。

実習の時も、放課後によく本を読んでましたもんね。

そうなの。『この仕事において読書は欠かすことができない』って私も若い頃に先輩の先生から教わっ

てね。それ以来読書が日課の生活になっちゃったの。

今読んでいた本はなんて本なんですか？

これは、重松清の小説ね。『ビタミンF』って言うの。

ひかり先生は小説も読むんですね。

そうよ。小説からもいっぱい学べることがあるのよ。重松清さんは国語の教科書にも作品を書いているから、他の作品を読むことでより深くその世界を味わえるようにもなるの。

へ〜、僕は小説をほとんど読まないのでなんだか尊敬します。

私だって、初任の頃は全然読めなかったわ。でも、子供たちに作品の世界をもっと深く味わってもらうためには、まずは自分自身が文学の世界をもっと楽しまないとと思ったの。この『ビタミンF』って短編小説集なんだけど、その中の「はずれくじ」ってお話がまたいいのよ。今度読んでみたら？

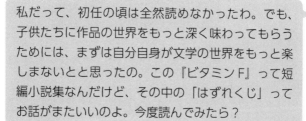

はい、今度小説にもチャレンジしてみようと思います。

で、この前の女の子、その後どう？

そうなんです。そのお礼をどうしてもひかり先生に伝えたくて。実は、そのレイコちゃん、学校に入れ

第六章 「はじめとひかり先生と時々ジャック」

るようになりました。それからなんと自分一人で家から学校まで来られるようになったんです。

えー！ほんとに!?

はい！お母さんもすごく嬉しそうで泣きながら学校にお礼の電話をかけてきてくれました。レイコちゃんも前より笑顔が増えて、僕自身もすごく驚いているんです。

おめでとう。たった一つの方法で全てがうまくいくことなんてないけれど、はじめ君みたいにネバーギブアップの精神で取り組むのが大切なのよね。本当に嬉しい。すごいね、そのレイコちゃんもお母さんもはじめ君も。

そんなことないです。僕なんかまだ全然で。ひかり先生に教えてもらったおかげです。

でも、そうやって質問に来て手だてを見つけようとしたのははじめ君でしょう。とっても立派よ。

ありがとうございます。素直に嬉しいです。ちなみにレイコちゃんのお母さんから昨日も電話があって、『トークン表が１枚全部貯まったら、大好きなアーティストのライブに行こうねってレイコと約束したんです』って教えてくれたんです。レイコちゃん大はしゃぎみたいで。

トークン表の活用としては大成功ね。きっとその表が無くなっても、その過程で得た自信が今後のレイコちゃんを支えていってくれるはずよ。

はい、これで全部がうまくいったとは思ってないんですけど、少なくとも一歩は踏み出せたのかなって。また、自分にできることを地道にやっていきます。

すごいね、はじめ君。どんどんと一人前に近づいている感じ。

実は、前にも少し話したことがあると思うんですけど、最初は子供たちの不適応行動のあまりの多さに参ってたんです。指示は聞けないし、立ち歩きはあるし、行き渋りもあるしで、なんでこんな大変なクラスを初任の自分に押し付けたのかって管理職を恨んでいた時もあったんですよね。恥ずかしい話なんですが。

うんうん、そういう時もあるね。私もあったよ。でも、その「不適応行動」って、実は教師側が「不適応」にさせちゃっていることも多いのよね。指示の出し方が良くないから子供たちが聞けなかったり、絶対立ち歩いちゃダメってしているから多動傾向の子が注意され続けたり。もちろん、100％自分が悪いなんて考える必要はないけれど、少なくとも教育のプロとしてはまず自分自身を顧みるところから始めないとね。

第六章 「はじめとひかり先生と時々ジャック」

『不適応にさせているのはむしろ教師自身』って言葉、すごく分かります。教育実習で入ったひかり先生のクラスは、ほとんどそういう行動が見られなかったから、余計に自分のクラスのスタート地点が難しく見えちゃったのかもしれません。

そうね。私もたくさん実習を担当してきているけれど、そこが長年の課題なの。教育実習って、たいてい「途中」から始まるでしょう？だからどんな風にクラスの学級風土を作ってきたかっていうストーリーがなかなか見えないのよね。

それも最近ようやく分かるようになりました。

もっと言うとね。大体教育実習で学生さんが入るクラスって、大荒れの状態ってことはほとんどないはずよ。そもそもそんな難しい状態だと、実習生の指導にまで手が回らないからね。

そうか。確かにそんなことは考えたこともありませんでした。

もちろん、受け入れる側の先生もそれなりの心構えをもって実習生を迎えるのよ。きっとはじめ君もそういう時期を迎えたら担当の先生の気持ちが分かるようになると思う。

ひかり先生は初任の頃、どんな先生だったんですか？

そうね。できないことだらけで、周りの先輩と比べて自分を卑下しちゃうこともあったし、落ち込むことも多かったわね。

今の姿からは全然信じられないです。

でも、どんな先生だってそうだったはずよ。本とかを出している先生の中には、自分の「できた姿」「成功した事例」だけを載せて自分を必要以上に大きく見せる人もいるけれど、実際はそんなことは無いの。その人たちだってちゃんと悪戦苦闘しているし、たくさん失敗も重ねているし、その中で一歩ずつ成長してきたのよ。

確かに教育書に載る内容も、教育実習に似ているかもしれないですね。その「一部」や「点」を切り取るからきらびやかに見えるだけで。

第六章 「はじめとひかり先生と時々ジャック」

そう、その通りよ。だから、そうやって本を出版をしている先生たちに私はいつも思っているの。『ちゃんと自分ができなかった時のことも正々堂々と書け！』ってね。

なんだかひかり先生の人間らしいところが見えて嬉しいです。

そう、私も今だってうまくいかないことだらけでね。初任の頃はもっとそれが多かったの。でも、目の前の子供たちがいつも教えてくれたわ。正しい道はこっちだっていう進み方をね。だから、大変だったけどすごく楽しかったの。それこそ夜遅くまで働いて朝早く出勤して、今の『働き方改革』の時代だったら怒られちゃうような働き方だったな。

確かに今の学校での、学校現場でも働き方とか残業時間とか管理職の先生からよく言われます。

それも、現代における教職の難しさなのよ。本当の教育の面白さ・素晴らしさってね、コストとか生産性を度外視したところにあるものなのよ。イメージとしては、親から子への愛情に近いかもしれない。

どういうことですか？

先生方ってね、自分が直接担任していない子供たちだったとしても、心の底から喜べたりする生き物なのよ。はじめ君のクラスのレイコちゃんが自分で学

校に来れるようになった時、他の先生方も喜んでくれたでしょう？

はい、学年主任の先生も教頭先生も校長先生もすごく喜んでくれました。保健室の先生なんか、涙を流しながら喜んでいました。

そうなの。直接的な関係が無くっても、子供たちが頑張る姿を見たり、成長したりする姿を見ることに、無上の喜びを覚えるのよね。それが見返りがなかったとしても。去年の卒業式でもね、他の学年の先生方の中に涙されている方々がたくさんいたわ。自分に直接何かが返ってきたわけでもないのに、その子の頑張りや成長を心の底から喜べるって、親の愛情にも似ていると思うのよね。

そんな風に考えたこともありませんでした。でもなんだか分かる気がします。

働き方改革とかコスパとかが言われるようになって、そうした無償の愛を感じられる喜びすら減ってきたような気がするの。私は、これが今の学校現場の魅力を大いに減らしている原因の一つだと思うわ。

そうか、そういう意味でも特別支援の学びを修めることには大切な意味があるんですね。子供たちの特性や課題に寄り添う中にこそ、本当の教育の素晴らしさがあるのかなって今思いました。

第六章 「はじめとひかり先生と時々ジャック」

はじめ君、本当に成長したね。もう今じゃすっかり教育者の顔になった気がするわ。

嬉しいです。もちろんまだまだ勉強不足なので、これからもひかり先生に色々と教えてもらってもいいですか？

もちろん！そんな風に人に教えてもらえるって素晴らしいことよ。身近な先輩や同僚にもぜひどんどん尋ねてみて。そして、いつかはじめ君自身が、過去の自分を助けるようなつもりで後輩たちを助け導けるようになってくれたら嬉しいな。

はい、まだまだ半人前ですけど、ひかり先生みたいに色んな方を支えられるように頑張ります。

えらい！よく言った！よし、素晴らしい成長ぶりをお祝いして、今日はランチをご馳走しちゃおうかな。

えっ、いいんですか!?

もちろんよ。何か食べたいものはある？

そうですね……。カレー、とかはどうですか？

わー、いいわね！私もカレー大好きなの。私にカレーを語らせたらちょっとうるさいわよ。

そうかなと思ったんです。実習中に給食でカレーラ

イスが出た時に、ひかり先生が子供みたいに大喜びしていたのをこの前思い出したんですよね。

あら恥ずかしい。そんな姿を見られちゃってたの。でも、好きなものは好きなんだから仕方ないわよね。さ、食べに行こう！

ひかり先生、甘口と辛口どっちが好きですか？

決まってるじゃない。とびきりスパイスのきいた辛口よ。はじめ君も辛すぎるからって吐き出しちゃだめよ。

分かりました。最後までしっかり食べきります！

ひかり先生のおすすめ書籍（参考文献）

『発達障害・グレーゾーンの子がグーンと伸びた声かけ・接し方大全』
小嶋悠紀著、2023 年、講談社

『メリットの法則 行動分析学・実践編』奥田健次著、2012 年、集英社

『満足脳にしてあげればだれもが育つ！家庭や職場でも使える対応スキル満載』
平山諭著、2011 年、ほおずき書籍

『発達障害の子供たち』杉山登志郎著、2007 年、講談社現代新書

『行動分析学入門―ヒトの行動の思いがけない理由』杉山尚子著、2005 年、集英社新書

『発達が気になる子の教え方 THE BEST』渡辺道治著、 2024 年、東洋館出版社

『不登校の９割は親が解決できる―３週間で再登校に導く５つのルール』
小川涼太郎著、2024 年、PHP 研究所

『やさしくわかる！愛着障害―理解を深め、支援の基本を押さえる』
米澤好史著、2018 年、ほんの森出版

『崩壊する日本の公教育』鈴木大裕著、2024 年、集英社新書

『愛着傷害―子供時代を引きずる人々―』岡田尊司著、2011 年、光文社新書

おわりに

いかがだったでしょうか。

3年前に初の書籍を出版してから、今作で13冊目を刊行する運びとなりました。

今回の依頼は「初任者向けの本を」というものでした。

最初に思い描いたのは、20年前の自分の姿です。

毎日が悪戦苦闘の日々だった初任の頃を思い返しながら、かつての自分に手紙を書くつもりで書いたのが本書です。

あれこれとアイデアを巡らせる中で、今回は、AIアプリと初任教員の対話という、これまでの著作には無かった形式を採用しました。

自分自身が初任だった頃に聞きたかったこと、実際に先輩や同僚から教えてもらったこと、書籍やセミナー等で学んできたことを、できるかぎり多くの方に読みやすいようにと苦心しながら書き上げた一冊です。

そういった意味で、今作は私にとっても大きなチャレンジを果たした一冊となりました。

学校現場に新しく入ってきた先生方においても、そして中堅・ベテランの先生においても、現代は様々な挑戦を余儀なくされる時代となっています。

そうした新たな挑戦は、時に重荷となり、大きなプレッシャーになることも決して少なくありません。

けれど同時に、新たなチャレンジは新しい扉を開いてくれるものでもあります。

今作の内容は、特別支援教育の内容を決して「網羅」する
ものではありません。

　むしろ、特別支援教育への学びを開く扉として活用しても
らえたらとの思いで書き上げました。

　今作をきっかけとして、さらに学びを深め、自身の力を磨
き上げていくための「はじめの一歩」としてもらえれば幸い
です。

　そして、「はじめに」でも書いたように、いつか教育現場
で困ったことが起きた時に、行く先を照らしてくれるヘッド
ライトのように活用してもらえたならば、著者としてこれほ
ど嬉しいことはありません。

　現代においては、ジャックGPTはいまだ開発されていな
いわけですが、いつかはこんな機能を搭載したアプリができ
たらいいなという夢も本書には込めました。

　そして、ジャック以上に頼もしい先輩たちが現場にはたく
さんいます。

　あなたにとってのひかり先生を見つけて、ぜひ色々と質問
し、助けてもらってくださいね。

　私も、皆さんのほんのささやかな後押しになれるように、
これからも精進し続けたいと思います。

　故郷・札幌の地にて大好きな「らっきょ」のスープカレー
に舌鼓を打ちながら――。

渡辺道治

117

[著者紹介]

渡辺道治（わたなべ・みちはる）

札幌市出身。奈良県私立小学校、札幌市公立小学校、愛知県私立小学校にて勤務。2016年グローバル教育コンクール特別賞、2019年ユネスコ代表団として中国を訪問、ラオス・ベトナムにて企業と連携しての教材開発、2020年PAAMEプログラムにてセネガルの教育支援を行うなど、国内外の各地において教育事業を展開する。2023年からは、アメリカ・ダラス補習校の学習指導アドバイザーに就任。2024年より兵庫教育大学・大学院臨床心理学修士課程。教え方の学校・主宰。

国内および海外の各地での講演活動は通算500回以上。

学校や企業をはじめ、病院、教会、私塾など多方面から依頼を受ける。主な著書に『特別支援がガラッと変わる「見取りのモノサシ」 応用行動分析学はじめの一歩』(学芸みらい社)、『心を育てる語り』(東洋館出版社)、『学習指導の「足並みバイアス」を乗り越える』』(学事出版)、他多数。

Voicyパーソナリティ、SHIEN学アドバイザー。

若い先生のパートナーズBooK ／ 学級経営
「特別支援」困った時のヘッドライト

2025年4月5日　初版発行

著　者　渡辺道治
イラスト　中村僚太
発行者　小島直人
発行所　株式会社 学芸みらい社
　　　　〒162-0833　東京都新宿区箪笥町31番　箪笥町SKビル3F
　　　　電話番号 03-5227-1266
　　　　https://www.gakugeimirai.jp/
　　　　e-mail : info@gakugeimirai.jp
印刷所・製本所　株式会社ディグ
企　画　阪井一仁
校　正　藤井正一郎
装　丁　吉久隆志・古川美佐（エディプレッション）
本文組版　小沼孝至

落丁・乱丁本は弊社宛にお送りください。送料弊社負担でお取り替えいたします。
©Michiharu Watanabe 2025 Printed in Japan
ISBN978-4-86757-078-4 C3037

若い先生のパートナーズBooK
PARTNERS' BOOK FOR YOUNG TEACHERS

教室とは、1対30で勝負する空間。
教師は、1人で30人を相手に学びを創る世界に飛び込むのだ。
次世代をエスコートする「教室の責任者」である担任は、

- 気力は眼にでる
- 教養は声にでる
- 秘められた感情は口元にでる

これらをメタ認知できる知識人にして行動人であれ。
その水源地の知恵が凝縮されたのが本シリーズである。

PARTNERS' BOOK
FOR
YOUNG TEACHERS